Ankunft
24. Dezember

LAMBERT SCHNEIDER

Am besten lesen.   **Am besten lesen.**   *Am besten lesen.*

Hubert Wolf

Ankunft
24. Dezember

Weihnachten neu entdecken

Am besten lesen.   *Am besten lesen.*   *Am besten lesen.*

Die Deutsche Nationalbibliothek verzeichnet diese Publikation in der Deutschen Nationalbibliografie; detaillierte bibliografische Daten sind im Internet über http://dnb.d-nb.de abrufbar.

Das Werk ist in allen seinen Teilen urheberrechtlich geschützt. Jede Verwertung ist ohne Zustimmung des Verlags unzulässig. Das gilt insbesondere für Vervielfältigungen, Übersetzungen, Mikroverfilmungen und die Einspeicherung in und Verarbeitung durch elektronische Systeme.

Der Lambert Schneider Verlag ist ein Imprint der WBG

© 2015 by WBG (Wissenschaftliche Buchgesellschaft), Darmstadt Die Herausgabe des Werkes wurde durch die Vereinsmitglieder der WBG ermöglicht.

Satz: Melanie Jungels, Scancomp GmbH, Wiesbaden Einbandabbildung: shutterstock/graphic-line Einbandgestaltung: Harald Braun, Berlin

Gedruckt auf säurefreiem und alterungsbeständigem Papier Printed in Germany

Besuchen Sie uns im Internet: www.wbg-wissenverbindet.de

ISBN 978-3-650-40067-3

Elektronisch sind folgende Ausgaben erhältlich:
eBook (PDF): 978-3-650-40119-9
eBook (epub): 978-3-650-40120-5

*Zur Erinnerung
an meine Mutter Elisabeth Wolf
(1932–2011)*

Inhalt

Man nehme, so man hat	9
Tröst mir mein Gemüte	21
Weihnachten – alles nur ein Traum?	31
Seinem Stern folgen	39
Ach wie gut, dass niemand weiß …	47
Eine Stimme in der Wüste	53
Der Flügelschlag des Engels	59
Gott hat das Chillen erfunden	69
Wenn der Herr will …	79
Die Relativität der Zeit	85
Bist du es, der da kommen soll?	93
Gottesfreunde	103
Das eine Wort und die vielen Worte	113
Ein Kind ist uns geboren	123
Nachwort	131
Quellenverzeichnis	135

Man nehme, so man hat

Man nehme, so man hat, ein wohlig geheiztes Zimmer, möglichst mit offenem Kamin und flackerndem Holzfeuer, mit dezenter Kerzenbeleuchtung und meditativer Musik. Dazu trinke man ein Glas guten Rotwein und überlasse sich wenigstens ein Mal im Jahr zwei, drei Stunden einer sentimentalen Stimmung. Erstes Rezept für einen gelungenen Advent.

Man schlendere, so man kann, über einen Weihnachtsmarkt, schnuppere den Duft von Glühwein, Zimt und Räuchermännchen, esse kandierte Früchte und gebrannte Mandeln und hoffe bei einbrechender Dunkelheit in all dem Rummel auf leichten Schneefall. Zweites Rezept für einen gelungenen Advent.

Man stürze sich, so es irgend geht, in einen vorweihnachtlichen Kaufrausch mit Geschenke-Besorgungs-Manie

Man nehme, so man hat

und gebe sich bunte Reklamen, blinkende Lichterketten, grünblättrige Tannenbäume, rauschebärtige Weihnachtsmänner und süßer-nie-klingende Weihnachtslieder in Megawattlautstärke. Drittes Rezept für einen gelungenen Advent.

Brauner Lebkuchen

Man nehme, so man hat:
½ Mass Honig in einer Casserole erwärmen
2 Pfund gestossene Mandeln
2 Pfund gestossener Zucker
2 Loth Zimmt
1 Loth Nelken
2 Pomeranzen, Saft und feingeschnittene Schale
2 Zitronen, Saft und feingeschnittene Schale
4 Pfund Mehl

Die Zutaten verrühren, dann das Mehl zugeben bis es einen wallbaren Teig ergibt. Diesen lässt man an einem warmen Ort ½ Tag gehen, wallt ihn dann fingerdick aus, gibt ihm Formen nach Belieben und backt ihn auf einem mit Mehl bestreuten Blech bei mässig heissem Ofen (circa 200 Grad).

Man nehme, so man hat

Nach solchen und ähnlichen Rezepten gehen viele Menschen Jahr für Jahr die Wochen vor Weihnachten an. Die Adventszeit als religiös geprägte Zeit ist heutzutage weitgehend aus der Mode gekommen. Vom Advent sind allenfalls noch Relikte vorhanden – wenigstens der Name hat sich im Adventskranz noch erhalten. Die Adventszeit ist zur Vorweihnachtszeit mutiert, wobei die Übergänge zum eigentlichen Weihnachten, was immer man genau darunter auch verstehen mag, mehr als fließend geworden sind. Eine Weihnachtszeit gibt es heute ohnehin nicht mehr. Was früher liturgisch bis zum 2. Februar, dem Fest Mariä Lichtmess, dauerte, ist heute in der Regel am Zweiten Weihnachtsfeiertag, also am 26. Dezember, schon zu Ende. Denn dann beginnen die Rennereien um den großen Geschenkeumtausch, die Vorbereitungen für die Silvesterpartys und natürlich bald auch die nächste Karnevalssession. Auch der Weihnachtsbaum, im letzten Moment besorgt, landet nicht selten schon drei Tage nach dem Heiligen Abend wieder auf der Straße.

Eine Weihnachtsfeier – wie heute aller Orten üblich – mitten in der Adventszeit abzuhalten, mit festlichem Essen, besten Weinen und im guten Zwirn, ist nach der genuin christlichen Vorstellung von Advent eigentlich nicht denkbar. Schließlich gäbe es ohne die Botschaft vom *adventus*, von der Ankunft Gottes in dem Menschen Jesus von Nazareth, in dem Kind im Stall von Bethlehem, weder Advent noch Weihnachten. Die Adventszeit ist deshalb, religiös gesehen, genau wie die Fastenzeit vor

Ostern als Vorbereitungszeit auf die zentralen Ereignisse der Heilsgeschichte konzipiert. Sie dient der Einstimmung auf die Menschwerdung Gottes, die Annahme unserer menschlichen Natur durch den ewigen Gott, die Fastenzeit der Einstimmung auf die Auferweckung des gekreuzigten Jesus und damit den endgültigen Sieg des Lebens über den Tod.

Die Adventszeit dient der Einstimmung auf die Menschwerdung Gottes

Beide Zeiten der Vorbereitung auf die christlichen Hochfeste Ostern und Weihnachten sind als Fastenzeiten im eigentlichen Wortsinn angelegt. Die adventliche Fastenzeit begann ursprünglich am 12. November, einen Tag nach dem Fest des heiligen Martin von Tours. Der 11. November entsprach somit genau dem Karnevalsdienstag, dem Vorabend der österlichen Bußzeit. Dies war der Tag, an dem noch einmal richtig über die Stränge geschlagen, Fleisch und in Fett Gebackenes bis zum Abwinken gegessen sowie Bier und Wein in Fülle getrunken werden durfte. Dann begann die strenge Fastenzeit, die den ganzen Tag des 24. Dezembers noch miteinbezog. In ihr war der Verzehr von Fleisch, Fett und Eiern streng verboten. Sie war erst nach der Mitternachtsmesse in den Morgenstunden des Ersten Weihnachtstages vorbei. Der Heilige Abend mit Tannenbaum, Bescherung im Familienkreis und Weihnachtsmenü ist hingegen eine Erfindung des bürgerlichen neunzehnten Jahrhunderts.

Das adventliche Rezept aus der Sicht einer klassischen christlichen Glaubenslehre lautet deshalb: Man faste, so gut man kann, und verzichte nicht nur auf Rausch und Völlerei. Vielmehr mache man sich geistig und geistlich frei und bereit für den Advent, die Ankunft Jesu Christi des

Man mache sich geistig und geistlich frei und bereit für den Advent

Herrn – nicht nur als Kind in Bethlehems Stall, sondern vor allem als Richter über Leben und Tod.

Doch darf man die typischen heutigen Adventsrezepte angesichts dieses klaren dogmatischen Rezepts aus christlicher Sicht vorschnell verwerfen, nur weil man in ihnen keine religiöse Basis mehr erkennt und ihnen das Gewürz des Glaubens fehlt? Kommt in ihnen nicht vielleicht doch eine tiefe Sehnsucht der Menschen zum Ausdruck, die ausbrechen wollen aus dem Alltagstrott mit seinen oft geistlosen Zwangsläufigkeiten? Eine Hoffnung darauf, dass unser Leben letztlich mehr ist als bloßes Funktionieren im biologischen, politischen oder ökonomischen Sinn?

Diese an sich areligiösen Rezepte sind in der Tat ein Zeichen für das Warten darauf, dass etwas ankommt in unserem Leben, dass wir uns lösen können aus dem Alltagstrott, gelöst werden aus den Zwängen und selbst geschaffenen Hamsterrädern, dass Hoffnungen eingelöst werden, vielleicht sogar, dass wir einmal völlig losgelöst sein dürfen. Hinter all den Lösungsangeboten der säkularen Adventsrezepte steckt im letzten wohl doch ein eminent christliches Anliegen, die Hoffnung auf Erlösung. Menschen, auch moderne, scheinen letztlich unheilbar religiös zu sein, ob sie es wollen oder nicht. Sie bringen aber ihre Erlösungsbedürftigkeit und ihre Sehnsucht nach Glück nicht mehr unbedingt in christlicher Sprache und kirchlichen Formen zum Ausdruck.

Die entscheidende Erfahrung bei all den modernen Adventsrezepten ist aber die: So sehr wir uns auch anstrengen, Erlösung können wir uns selber nicht schaffen. Sie muss uns geschenkt werden, muss an uns geschehen, muss von außen auf uns zukommen, so wie wir uns auch nur selbst annehmen und lieben können, wenn andere uns vorher und zuerst angenommen und geliebt haben. Das ist wie der Aufbau des Grundvertrauens bei einem Kind: Erst müssen die Eltern tausend Mal „Du" sagen, bevor das Kind „Ich" sagen kann. Auch Geschenke, die man sich selbst macht, reichen an Geschenke, die wir von anderen erhalten und gespannt auspacken dürfen, nicht heran.

Erlösung können wir uns selber nicht schaffen, sie muss uns geschenkt werden

Wir erwarten Erlösung oder besser: Wir warten auf das Kommen des Erlösers, auch wenn wir diese Hoffnung vielleicht nicht mehr in religiöser Sprache formulieren können.

Man nehme, so man hat

Interessanterweise taucht in vielen Filmen, Gedichten und Theaterstücken diese christlich-adventliche Grundhaltung des Wartens und Erwartens in profanem Gewand immer wieder auf. Ein sprechendes Beispiel dafür ist das Theaterstück „Warten auf Godot" von Samuel Beckett. Hier unterhalten sich zwei Landstreicher:

„Komm wir gehen.
Wir können nicht.
Warum nicht?
Wir warten auf Godot."

Später nehmen sie ihren Dialog wieder auf:

„Er müsste eigentlich hier sein.
Hat er nicht gesagt, er käme?
Und wenn er nicht kommt?
Kommen wir morgen wieder.
Und dann übermorgen.
Vielleicht? ...
Und dann hängen wir uns auf!
Es sei denn, Godot käme.
Und wenn er kommt?
Sind wir gerettet."

Nichtkommen oder Kommen, Resignation oder Hoffnung, Auf-der-Stelle-Treten oder Advent, Sich-Aufhängen oder Gerettet-Werden, Nicht-Sein oder Sein: Das ist hier die Frage. Das ist die große Alternative unseres Lebens, auch wenn zunächst alles Warten sinnlos

Man nehme, so man hat

erscheint. Und es absurd wäre, wenn der Retter wirklich käme.

Das Warten der beiden Landstreicher macht aber mehr als deutlich: Es geht nicht um abstrakte Erlösung, sondern um das Kommen einer erlösenden Person.

Vom Kommen des Menschensohnes

[25] Es werden Zeichen sichtbar werden an Sonne, Mond und Sternen, und auf der Erde werden die Völker bestürzt und ratlos sein über das Toben und Donnern des Meeres.

[26] Die Menschen werden vor Angst vergehen in der Erwartung der Dinge, die über die Erde kommen; denn die Kräfte des Himmels werden erschüttert werden.

[27] Dann wird man den Menschensohn mit großer Macht und Herrlichkeit auf einer Wolke kommen sehen.

[28] Wenn all das beginnt, dann richtet euch auf, und erhebt eure Häupter; denn eure Erlösung ist nahe.

[34] Nehmt euch in Acht, dass Rausch und Trunkenheit und die Sorgen des Alltags euch nicht verwirren und dass jener Tag euch nicht plötzlich überrascht,

Man nehme, so man hat

[35] so wie man in eine Falle gerät; denn er wird über alle Bewohner der ganzen Erde hereinbrechen.

[36] Wacht und betet allezeit, damit ihr allem, was geschehen wird, entrinnen und vor den Menschensohn hintreten könnt.

Lukas 21,25–28.34–36

Unsere Hoffnung auf eine klare Antwort über unsere Zukunft und das Kommen des Erlösers wird auch durch den Blick in die Heilige Schrift nicht selten enttäuscht. Die einschlägige Bibelstelle ist die Rede Jesu über die Endzeit, die sich im 21. Kapitel des Lukas-Evangeliums findet, und die auch in der kirchlichen Adventsliturgie eine wichtige Rolle spielt.

Diese Rede Jesu bleibt aber unklar, zumindest beim ersten Hören. Die dort getroffenen Aussagen über den Advent des Menschensohnes sind nur schwer verständlich: Eine dunkle Rede von Zeichen am Himmel, Sturmfluten, Kometeneinschlägen, Erschütterungen der Erde in ihren Grundfesten. Manche Unheilspropheten glaubten immer wieder, daraus das bevorstehende Ende der Welt ableiten zu können. Wer Jesu Endzeitrede so interpretiert, hat wenig verstanden. Die Katastrophenrede Jesu bezieht sich nämlich auf die Zerstörung Jerusalems und vor allem auf die Vernichtung des Tempels mit der Bundeslade als Symbol der Gegenwart Gottes durch die

Römer im Jahre 70. Für gläubige Juden musste das wirklich wie das Ende der Zeit erscheinen. Es geht hier aber nicht um das Ende der Welt, denn „ihr kennt weder den Tag noch die Stunde". Gott ist frei in seinem Tun und Lassen. Er lässt sich nicht von Menschen ausrechnen.

Gott ist frei in seinem Tun und Lassen. Er lässt sich nicht von Menschen ausrechnen

Wenn Jesus vom Ende der Welt hätte sprechen wollen, hätte er der Schilderung der Katastrophe ein Drohwort folgen lassen müssen. Aber das genaue Gegenteil ist der Fall: Jesus spricht uns Heil zu. Wenn es drunter und drüber geht, wenn andere wieder einmal in Weltuntergangsstimmung machen, dann, ihr Christinnen und Christen, „richtet euch auf und erhebt euer Haupt, denn eure Erlösung ist nahe". Bei all dem Geschwätz über Endzeitszenarien und entsprechender Angstmacherei könnt ihr gelassen bleiben, die „Sorgen des Alltags brauchen euch nicht zu verwirren", ihr müsst auch keine Drogen nehmen, euch „keinen Rausch und keine Trunkenheit" antrinken, um damit in eine Scheinwelt zu fliehen, denn euch kann gar nichts passieren. Gott ist immer im Kommen, immer ist sein Advent, immer ist er euch nahe, immer seid ihr in seiner Hand. Ihr braucht ihn nur ankommen lassen bei euch, vorkommenlassen in euren Gedanken, aufkommen lassen gegen euren Unglauben.

Advent ist daher nicht zuerst eine Zeit des Kirchenjahres, sondern eine Grundhaltung von Christen. Advent

Gottes geschah vor zweitausend Jahren in Bethlehems Stall und geschieht heute in der Krippe an Weihnachten. Gott kommt am Ende der Zeit und er begegnet jedem im Tod. Gottes Advent findet statt im Wort des Evangeliums, in der Feier des Heiligen Mahles und im sozialen Tun. Daher hat Angelus Silesius recht, wenn er schreibt: „Wird Christus tausendmal zu Bethlehem geboren und nicht in dir, du bleibst noch verloren."

Advent ist eine Grundhaltung von Christen

Mein Adventsrezept lautet daher: Man nehme, so man irgend kann, Advent nicht nur als eine Zeit, sondern als eine Haltung. Man nehme, so man hat, den Glauben, dass wir zeitlebens auf etwas hin unterwegs sind, was wir in dieser brüchigen und vieldeutigen Welt allein nicht finden können. Man gebe die Überzeugung hinzu, dass wir uns Erlösung nicht selber schaffen können, sondern dass sie ein Geschenk ist, das uns zukommt, im Kommen des adventlichen Gottes. Man schalte aber die eigenen Antennen auf Empfang, damit Gottes Sendung bei uns ankommen kann. Dann würde Christus nicht nur in Bethlehem, sondern auch in uns geboren. Und dann wäre alles gewonnen.

Tröst mir mein Gemüte

„Tröst mir mein Gemüte, durch alle deine Güte" – so lauten zwei Verszeilen in einem bekannten und beliebten Weihnachtslied. Es ist schon ein wenig verrückt: Das ganze Jahr über würden die meisten Menschen „In dulci jubilo" für sentimentalen Kitsch halten, in der Advents- und Weihnachtszeit aber bekommen viele nicht genug davon. Und vielleicht gilt das, was für den so seltsam veränderten Musikgeschmack zutrifft, auch in viel grundsätzlicherer Weise?

Menschen, die sonst aus Umwelt- und Kostengründen Energiesparlampen verwenden, illuminieren in der Adventszeit ganze Fensterfronten mit Lichterketten in allen Farben und Formen. Es können gar nicht genug Lichter sein auf Tannenbäumen, Lorbeerhecken, Balkonbrüstungen und anderswo. Unsere Dörfer und Städte sind dieser Tage voll davon.

Tröst mir mein Gemüte

Menschen, denen sonst eine funktionale, klar strukturierte, praktische Wohnungseinrichtung über alles geht, sehnen sich nach Heimeligkeit und Gemütlichkeit in ihrem Haus. Sie freuen sich plötzlich an Adventskränzen und festlich geschmückten Tannenbäumen und nicht zuletzt am Duft von Zimt und Mandel.

Menschen, die sonst jeden Euro zweimal umdrehen, bevor sie ihn ausgeben, kaufen wie verrückt Geschenke, die eigentlich keiner braucht, die aber hoffentlich zumindest ein wenig Freude bei den Beschenkten auslösen, zumindest weil Geschenke auspacken einfach so schön ist.

Menschen, die sonst das ganze Jahr keine Kirche von innen sehen und auf fromme Übungen und dergleichen keinen Wert legen, sagen dann: Wenn ich am Heiligen Abend nicht in der Christmette oder der Mitternachtsmesse war, dann fehlt mir etwas Wichtiges. Die Wenigsten aber können es auf den Punkt bringen und anderen Menschen nachvollziehbar erklären, was ihnen dann eigentlich genau fehlt.

Was ist das, was aufgeklärte, postreligiöse, „vernünftige" Menschen unserer Tage in der Advents- und Weihnachtszeit so fundamental verändert? Was ist schuld daran, dass in uns plötzlich ganz andere Saiten zu klingen anfangen – Saiten, von denen wir gar nicht mehr wussten, dass sie bei uns überhaupt vorhanden sind? Warum überkommen uns immer um den Heiligen Abend herum solch sentimentale Erinnerungen an die Weihnachtsfeste der

Kindheit, als man noch an das Christkind mit seinen Gaben glauben konnte? Als der Weihnachtsmann noch heiliger Nikolaus hieß und einmal im Jahr am 6. Dezember kam und nicht hundertfach und wochenlang in allen Kaufhäusern herumlungerte. Oder ganz anders gefragt: Warum sind für uns nur weiße Weihnachten richtige Weihnachten?

In dulci jubilo
aus dem fünfzehnten Jahrhundert

1. In dulci jubilo, nun singet und seid froh:
   Unsers Herzens Wonne liegt in praesepio
   und leuchtet wie die Sonne matris in gremio.
   Alpha es et o, Alpha es et o.

2. O Jesu parvule, nach dir ist mir so weh.
   Tröst mir mein Gemüte, o puer optime,
   durch alle deine Güte, o princeps gloriae.
   Trahe me post te, trahe me post te.

3. Ubi sunt gaudia? Nirgends mehr denn da,
   wo die Engel singen nova cantica
   und die Zimbeln klingen in regis curia.
   Eja qualia, eja qualia.

Tröst mir mein Gemüte

Die Antwort auf diese Fragen hängt mit dem Zauber der Heiligen Nacht, mit dem Geheimnis von Weihnachten, mit der Grundbotschaft des Christentums eng zusammen. Auch wenn sich Geheimnisse und Verzauberung nicht so leicht in Worte fassen lassen: Hier geht es weniger um religiöse Sätze, als vielmehr um eine fundamentale Wahrheit, die wir zunächst in Erfahrungen und Gefühlen gewinnen und die sich uns deshalb zuerst auf dieser Ebene erschließt. Wir können zwar den Katechismus-Satz nachsprechen, dass Gott an Weihnachten Mensch geworden ist, und im Glaubensbekenntnis beten: „geboren aus Maria der Jungfrau", wir können zwar versuchen, der Botschaft von der Menschwerdung Gottes einen Sinn abzugewinnen – mit den Kategorien der Logik allein können wir dieses Geheimnis jedoch nicht aufschließen.

Denn wie soll man sich rein nach den Gesetzen einer philosophischen Logik vorstellen, dass der eine ewige, tragende Grund aller Wirklichkeit, den wir Gott nennen, zur Welt kommt, in die Geschichte eintritt, Mensch wird und sich dadurch den Gesetzen der Zeit unterwirft? Wie soll der Ewige ein Zeitlicher werden können und zugleich der Ewige bleiben? Die Hegelsche Dialektik, nach der Gott der Vater im Anderen seiner Selbst, nämlich im Sohn bei sich selbst sei, ist eben doch nicht jedermanns Sache. Und auch die dogmatischen Spekulationen in den systematischen Lehrbüchern der Theologie führen einen nicht weiter. Vielleicht sollte man sich auch hier an Wittgensteins berühmten Satz halten: Worüber man nicht reden kann, darüber soll man schweigen.

Was Menschwerdung Gottes für uns bedeutet, ist aber keine Angelegenheit des theologischen Spezialwissens. Denn Menschwerdung Gottes hat fundamental mit unserer eigenen Menschwerdung und unserem Menschsein zu tun. Sie hat damit zu tun, dass wir zwar biologisch alle durch Geburt zur Gattung Mensch gehören, aber deswegen noch lange keine Menschen im eigentlichen Wortsinn sind. „Werde Mensch", das ist ein ständiger Imperativ, der in der Weihnachtszeit wieder hörbar wird. Die Menschwerdung Gottes macht auch die Menschwerdung des Menschen wieder zum Thema.

Die Menschwerdung Gottes macht auch die Menschwerdung des Menschen wieder zum Thema

Leiden wir nicht alle an einem entmenschlichenden Zeitmanagement? An steigendem Leistungsdruck? Führen uns nicht die ständig gegenwärtigen Abschlussbilanzen und Evaluationen das ganze Ausmaß unserer Fremdbestimmung vor Augen? Wir kaufen uns dann vielleicht irgendwelche Ratgeber mit Titeln wie „Mehr Zeit zum Glücklichsein" oder „Momente für mich", von denen wir aber heute schon wissen, dass wir sie nicht lesen und schon gar nicht beherzigen werden. Wie wir Mensch werden und sein können, das können wir letztlich nicht wissen, schon gar nicht schwarz auf weiß nach Hause tragen, weil man das nicht wissen kann, sondern selber leben und er-leben muss mit Haut und Haar.

Vielleicht ist dies das eigentlich Faszinierende an den beiden Weihnachtsgeschichten der Heiligen Schrift, die uns die Evangelisten Lukas und Matthäus aufgeschrieben haben: Die einfachen Hirten auf ihren Feldern genauso wie die gebildeten Weisen aus dem Morgenland machen sich auf den Weg zu einem Kind, das in einer Krippe liegt.

Beide Weihnachtsgeschichten sind aber nicht in erster Linie als historische Berichte zu verstehen. Markus, das älteste Evangelium, beginnt mit der Taufe Jesu im Jordan, von seiner Geburt berichtet es so wenig wie das Johannes-Evangelium. Aber die Wahrheit der Weihnachtsbotschaft liegt tiefer. Sie will uns in einfachen, eingängigen und zugleich tief anrührenden Bildern sagen: So wie Gott Mensch wurde in Bethlehem, im Kind im Stall, das nicht viele Worte macht und schon gar keine dogmatischen Wahrheiten von sich gibt, weil es noch nicht sprechen kann, so stehen dir, Mensch, vor Gott stets alle unverbauten Möglichkeiten der Menschwerdung offen. Die Zukunft liegt als Möglichkeit und große Chance vor dir – wie bei einem neugeborenen Kind.

Die Wahrheit der Weihnachtsbotschaft liegt tiefer

Wenn ihr nicht werdet wie die Kinder (Matthäus 18,3) – dieser Satz des Evangeliums fordert uns nicht auf, kindisch zu werden, sondern kindlich begeisterungsfähig zu bleiben, echt in der Trauer wie in der Freude, selig und glücklich manchmal schon durch ein großes tolles Eis. Weihnachten macht uns ohne Worte aufmerksam auf eine große Sehnsucht, auf die Sehnsucht, wirklich Mensch zu sein, wirklich menschlich leben zu können. Wer Sehnsucht hat, wer nach dem Sinn seines Lebens sucht, der muss aufbrechen, herausgehen aus den gewohnten Bahnen, egal ob er als Hirte von den Feldern kommt oder als Gelehrter oder König aus dem Morgenland.

> *Wer Sehnsucht hat, wer nach dem Sinn seines Lebens sucht, der muss aufbrechen, herausgehen aus den gewohnten Bahnen*

Wenn wir uns auf den Weg der Hirten und Weisen begeben, von denen die Evangelien erzählen, dann macht es durchaus Sinn, voller Sehnsucht zu singen „Tröst mir mein Gemüte, durch alle deine Güte", weil wir uns selber nicht trösten können, weil wir uns diesen Trost selber nicht zusprechen können.

Weihnachten ist als Fest der Menschwerdung ein Protest gegen die Entmenschlichung des Menschen. Wir spüren es genau, wenn wir wenigstens am Heiligen Abend für einige Stunden jenes Andere in uns zulassen, was uns mindestens so ausmacht wie unser Intellekt, nämlich das Gemüt, unser ganzes Fühlen und Sehnen. Wir spüren es – noch: Tannenbäume, Geschenke, Lichterketten, sentimentale Lieder, Räuchermännchen und gemeinsamer Kirchgang am Heiligen Abend sind hoffnungsvolle Zeichen, dass wir doch noch ahnen, was Leben eigentlich ist; dass die Umstände und wir selber es zwar fast, aber doch noch nicht ganz geschafft haben, uns in die farblos grauen Uniformen menschlicher Maschinen zu pressen.

Tröst mir mein Gemüte

Vielleicht sollten wir das Gemüt wieder zulassen und uns von der Menschwerdung Gottes trösten lassen. Vielleicht sollten wir versuchen, länger als die drei Weihnachtstage weihnachtliche Menschen zu sein, indem wir alle Saiten in uns klingen lassen. Vielleicht sollten wir ernsthaft meinen, was wir singen: „Tröst mir mein Gemüte, o puer optime, durch alle deine Güte, o princeps gloriae." O Kind, in dir zeigt Gott mir, was Menschsein eigentlich heißt. In dir zeigt mir Gott, dass er mich liebt mit Haut und Haar, nicht nur meine rationale Seite, meine wissenschaftlichen, wirtschaftlichen und beruflichen Leistungen, sondern mich als ganzen, unverwechselbaren, einmaligen Menschen.

Manche werden sagen, das ist mir zu gemütvoll, zu wenig rational, zu wenig logisch. Aber kann man im Leben wirklich alles begreifen und logisch erklären? Da sagt ein Mensch zu einem anderen Menschen: Du, ich liebe dich! Versuche einer einmal, das logisch zu erklären. Das kann man nicht begreifen, davon kann man sich nur ergreifen lassen. Wenn Menschen voller Liebe „Ja" zueinander sagen, dann wird ein Fest gefeiert, das nicht umsonst Hochzeit heißt und die hohe Zeit im Leben von zwei Menschen meint. Dann dürfen wir feiern und singen und uns freuen, dass es so etwas gibt wie das Geheimnis der Liebe.

Kann man im Leben wirklich alles begreifen und logisch erklären?

Tröst mir mein Gemüte

Du musst das Leben nicht verstehen

Du musst das Leben nicht verstehen,
dann wird es werden wie ein Fest.
Und lass dir jeden Tag geschehen
so wie ein Kind im Weitergehen
von jedem Wehen
sich viele Blüten schenken lässt.

Sie aufzusammeln und zu sparen,
das kommt dem Kind nicht in den Sinn.
Es löst sie leise aus den Haaren,
drin sie so gern gefangen waren,
und hält den lieben jungen Jahren
nach neuen seine Hände hin.

Rainer Maria Rilke

Und wenn Gott sagt: „Du Mensch, ich liebe dich mit
Haut und Haar, deshalb bin ich einer von euch geworden" – wie sollen wir das dann mit Worten erklären,
wenn wir die Liebe zwischen zwei Menschen schon
nicht recht begreifen können? Auch davon kann man
sich nur ergreifen lassen, ein Fest – nämlich Weihnachten – feiern und singen: „O Jesu parvule, nach dir ist mir
so weh. Tröst mir mein Gemüte, o puer optime, durch
alle deine Güte, o princeps gloriae. Trahe me post te,
trahe me post te."

Weihnachten – alles nur ein Traum?

Eigentlich schade! Immer wenn es interessant wird, wenn es um wichtige Szenen im Leben Jesu oder der Apostel geht, immer dann fangen die biblischen Gestalten plötzlich zu träumen an, haben Visionen und Erscheinungen. Oder *Es tauchen Engel auf* es tauchen Engel auf. Dabei tun wir uns als moderne aufgeklärte Menschen doch dann besonders schwer, wenn es irgendwie nicht „real" zuzugehen scheint. Denn sind Träume nicht Schäume, *erträumte* Luftschlösser eben, bei denen der Wunsch der Vater des Gedankens ist und die mit der wirklichen Wirklichkeit, mit der harten Realität nichts zu tun haben? Denken wir dann nicht manchmal: Ja, träumen kann man von vielem, aber ändern tut sich dadurch nichts?!

Weihnachten – alles nur ein Traum?

Die Geburt Jesu

[18] Mit der Geburt Jesu Christi war es so: Maria, seine Mutter, war mit Josef verlobt; noch bevor sie zusammengekommen waren, zeigte sich, dass sie ein Kind erwartete – durch das Wirken des Heiligen Geistes.

[19] Josef, ihr Mann, der gerecht war und sie nicht bloßstellen wollte, beschloss, sich in aller Stille von ihr zu trennen.

[20] Während er noch darüber nachdachte, erschien ihm ein Engel des Herrn im Traum und sagte: Josef, Sohn Davids, fürchte dich nicht, Maria als deine Frau zu dir zu nehmen; denn das Kind, das sie erwartet, ist vom Heiligen Geist.

[21] Sie wird einen Sohn gebären; ihm sollst du den Namen Jesus geben; denn er wird sein Volk von seinen Sünden erlösen.

[22] Dies alles ist geschehen, damit sich erfüllte, was der Herr durch den Propheten gesagt hat:

[23] Seht, die Jungfrau wird ein Kind empfangen, einen Sohn wird sie gebären, und man wird ihm den Namen Immanuel geben, das heißt übersetzt: Gott ist mit uns.

[24] Als Josef erwachte, tat er, was der Engel des Herrn ihm befohlen hatte, und nahm seine Frau zu sich.

[25] Er erkannte sie aber nicht, bis sie ihren Sohn gebar. Und er gab ihm den Namen Jesus.

Matthäus 1,18–25

Ist es bei Josef nicht ähnlich? Er steht ganz schön dumm da, als er erfährt, dass seine Verlobte Maria schwanger ist mit einem Kind, das, wie er sicher zu wissen meint, nicht von ihm sein kann. Was soll er tun? Sie verstoßen? Einen öffentlichen Skandal provozieren? Sagen „Ach, Schwamm drüber", als ob nichts gewesen wäre? Josef aber träumt …

Doch ändert der Traum wirklich etwas an der schmerzlichen Tatsache?

Machen wir, um diese Frage zu beantworten, mit dem Schriftsteller Peter Handke ein kleines Experiment. Lassen wir einmal all die Träume und Visionen, die Erscheinungen und Engel weg, von denen die Evangelien so voll sind. Versuchen wir, das Leben Jesu ohne diese Dimension, ohne dieses traumhafte Drumherum nachzuerzählen, in nüchtern-sachlicher Sprache und allein auf dem Boden der harten Fakten.

Dann liest sich die Biographie Jesu in etwa so:

„Gott erblickte das Licht der Welt in der Nacht vom 24. zum 25. Dezember. Die Mutter Gottes wickelte Gott in Windeln. Auf einem Esel flüchtete er sodann nach Ägypten. Als seine Taten verjährt waren, kehrte er in sein Geburtsland zurück … Er wuchs auf im Stillen und nahm zu an Alter und Wohlgefallen. Es litt ihn in der Welt. Er wurde die Freude seiner Eltern, die alles daran setzten, einen ordentlichen Menschen aus ihm zu machen.

So erlernte er nach kurzer Schulzeit das Zimmermanns-
handwerk. Dann, als seine Zeit gekommen war, legte er
zum Verdruss seines Vaters die Hände in den Schoß ... Er
brach auf und verkündete, dass das Reich Gottes nahe sei.
Er wirkte auch Wunder. Er sorgte für Unterhaltung bei
Hochzeiten. Er trieb Teufel aus. Einen Schweinezüchter
brachte er auf solche Art um sein Eigentum ... Ohne
das Versammlungsverbot zu beachten, sprach er oft unter
freiem Himmel. Aus der Langeweile der Massen gewann
er einigen Zulauf. Indes predigte er meist tauben Ohren.

Wie später die Anklage sagte, versuchte er das Volk gegen
die Obrigkeit aufzuwiegeln, indem er ihm vorspiegelte,
er sei der ersehnte Erlöser ... Im Grunde war er harm-
los ...

Es wurde ihm ein kurzer Prozess gemacht. Er hatte zu
seiner Verteidigung wenig vorzubringen. Wenn er sprach,
sprach er nicht zur Sache ... Am Karfreitag des Jahres
dreißig oder neununddreißig nach der Zeitwende wurde
er, in einem nicht ganz einwandfreien Verfahren, ans
Kreuz gehenkt. Er sagte noch sieben Worte. Um drei Uhr
am Nachmittag, bei sonnigem Wetter, gab er den Geist
auf. Zur gleichen Zeit wurde in Jerusalem ein Erdbeben
von mittlerer Stärke verzeichnet. Es ereigneten sich ge-
ringe Sachschäden."

So also hört sich die Geschichte Jesu an, lässt man die
Träume, die Engel und Visionen weg. Die wichtigsten
Fakten sind da, aber irgendwie können wir mit dieser

Weihnachten – alles nur ein Traum?

Version des Lebens Jesu nicht wirklich zufrieden sein. Irgendetwas fehlt.

Aber was?

Man könnte es durchaus die traumhafte Dimension des Evangeliums nennen. Die Dimension, die man so schwer in Worte fassen und so schwer in Sprache bringen kann. Die Dimension, die Jesus seine eigentliche Ausstrahlung, seine Anziehungskraft, seine Eigenartigkeit und seine Besonderheit verleiht. Und das ist einfach traumhaft. Nicht zuerst und ausschließlich in dem Sinn, dass der Kern der himmlischen Botschaft Jesu nur im Traum erkennbar wird. Sondern traumhaft in dem Sinn, dass Gott wirklich Mensch wird und zu uns kommt in diesem kleinen hilflosen Kind Mariens, das ganz Mensch und ganz Gott ist. Dass Gott uns geneigt ist und sich uns zuneigt, dass er zu uns „herunterkommt" und sich auf uns einlässt. Ist das nicht wirklich traumhaft? Kann man das Wahrwerden des alten Menschheitstraums in der dürren Faktensprache überhaupt angemessen ausdrücken?

Gott wird Mensch und kommt zu uns in diesem kleinen hilflosen Kind Mariens

❋ *35* ❋

Weihnachten – alles nur ein Traum?

Der Traum

Ich lag und schlief; da träumte mir
ein wunderschöner Traum:
Es stand auf unserm Tisch vor mir
ein hoher Weihnachtsbaum.

Und bunte Lichter ohne Zahl,
die brannten ringsumher;
die Zweige waren allzumal
von goldnen Äpfeln schwer.

Und Zuckerpuppen hingen dran;
das war mal eine Pracht!
Da gab's, was ich nur wünschen kann
und was mir Freude macht.

Und als ich nach dem Baume sah
und ganz verwundert stand,
nach einem Apfel griff ich da,
und alles, alles schwand.

Da wacht' ich auf aus meinem Traum,
und dunkel war's um mich.
Du lieber, schöner Weihnachtsbaum,
sag an, wo find' ich dich?

Da war es just, als rief er mir:
„Du darfst nur artig sein;
dann steh' ich wiederum vor dir;
jetzt aber schlaf nur ein!

Und wenn du folgst und artig bist,
dann ist erfüllt dein Traum,
dann bringet dir der Heil'ge Christ,
den schönsten Weihnachtsbaum."

August Heinrich Hoffmann von Fallersleben

Plötzlich sind wir dem Träumer Josef vielleicht doch nah und verwandt. Zunächst erschrak er, und zwar mächtig: Von wem ist das Kind, das seine Verlobte erwartet? Nach der ersten Enttäuschung, der Angst, von ihr betrogen worden zu sein, und der ersten Wut geht ihm plötzlich die entscheidende Dimension des Geschehens auf, die wirklich so traumhaft ist, dass sie sich ihm nur im Traum erschließen kann: die Dimension, dass Gott selbst es ist, der dieses Leben will und schenkt, dass Gott es höchstpersönlich ist, der hier handelt.

Gott wird Mensch, Gott wird Kind – mit Haut und Haar. Ist das nicht so traumhaft, dass wir davon nur träumen können, dass uns das wie ein Traum vorkommt, dass uns dies – wie Josef – erst im Traum aufgeht?

Träumen kann man von vielem, ändern tut sich ja doch
nichts – so lautet eine viel zitierte menschliche Erfahrung. Wirklich nicht? Wenn wir uns
auf Jesus einlassen, so wie Maria und
Josef, die den alten Traum Israels in
ihrem Kind erfüllt sahen, dann merken wir vielleicht: Es ändert sich
mehr, als uns vielleicht lieb ist. Wer hätte sich träumen
lassen, dass Gott Mensch wird? Warum träumen wir ihn
nicht mit, diesen alten Traum?

*Wer hätte sich
träumen lassen,
dass Gott Mensch wird?*

Seinem Stern folgen

„Sterne lügen nicht" – „Vertrauen Sie den Sternen" – „Ihr persönliches Horoskop für nur 200 Euro". Solche und ähnliche Versprechungen begegnen uns fast täglich. Sterne sind wieder einmal der große Renner, Astrologen haben Hochsaison, Bücher über das Geheimnis der Sterne werden in Millionen-Auflage verkauft, Astro TV erfreut sich einer großen Zuschauergemeinde. Und nicht zuletzt sorgen Kometen für eine gute Sternenkonjunktur.

Unsere Bibel – sonst nicht ganz so up to date – scheint diesmal voll im Trend zu liegen. Von einem seltsamen Stern ist in der Weihnachtsgeschichte des Evangelisten Matthäus die Rede. Dazu von orientalischen Sterndeutern, die

Unsere Bibel scheint voll im Trend zu liegen

eben diesem Stern folgen, die eben von ihm ihr Glück erwarten. Haben wir also in der Bibel Vorläufer mo-

Seinem Stern folgen

derner Astrologen und Horoskop-Schreiber vor uns?
Stimmt der Evangelist Matthäus damit einer Praxis zu,
die heute zumeist als abergläubisch gilt, zumindest aber
oftmals esoterisch anmutet? Können sich damit die billigen Blätter und ihre Horoskope in Zukunft auf die Bibel
als Kronzeugin berufen?

Die Huldigung der Sterndeuter

[1] Als Jesus zur Zeit des Königs Herodes in Bethlehem in Judäa geboren worden war, kamen Sterndeuter
aus dem Osten nach Jerusalem

[2] und fragten: Wo ist der neugeborene König der
Juden? Wir haben seinen Stern aufgehen sehen und
sind gekommen, um ihm zu huldigen.

[3] Als König Herodes das hörte, erschrak er und mit
ihm ganz Jerusalem.

[4] Er ließ alle Hohenpriester und Schriftgelehrten
des Volkes zusammenkommen und erkundigte sich bei
ihnen, wo der Messias geboren werden solle.

[5] Sie antworteten ihm: In Bethlehem in Judäa; denn
so steht es bei dem Propheten:

[6] Du, Bethlehem im Gebiet von Juda, bist keineswegs die unbedeutendste unter den führenden Städten
von Juda; denn aus dir wird ein Fürst hervorgehen, der
Hirt meines Volkes Israel.

Seinem Stern folgen

⁷ Danach rief Herodes die Sterndeuter heimlich zu sich und ließ sich von ihnen genau sagen, wann der Stern erschienen war.

⁸ Dann schickte er sie nach Bethlehem und sagte: Geht und forscht sorgfältig nach, wo das Kind ist; und wenn ihr es gefunden habt, berichtet mir, damit auch ich hingehe und ihm huldige.

⁹ Nach diesen Worten des Königs machten sie sich auf den Weg. Und der Stern, den sie hatten aufgehen sehen, zog vor ihnen her bis zu dem Ort, wo das Kind war; dort blieb er stehen.

¹⁰ Als sie den Stern sahen, wurden sie von sehr großer Freude erfüllt.

¹¹ Sie gingen in das Haus und sahen das Kind und Maria, seine Mutter; da fielen sie nieder und huldigten ihm. Dann holten sie ihre Schätze hervor und brachten ihm Gold, Weihrauch und Myrrhe als Gaben dar.

¹² Weil ihnen aber im Traum geboten wurde, nicht zu Herodes zurückzukehren, zogen sie auf einem anderen Weg heim in ihr Land.

Matthäus 2, 1–12

Wenn man das Evangelium oberflächlich liest und seine Geschichte von den Weisen aus dem Morgenland nur und in erster Linie als historisches Ereignis versteht, dann scheint einiges für diese Vermutung zu sprechen.

❋ *41* ❋

Seinem Stern folgen

Aber will Matthäus in seinem Weihnachts-Evangelium ausschließlich ein äußeres — sogar auf astrologisch-magischen Praktiken beruhendes — Geschehen berichten? Oder liegt die Aussage nicht doch tiefer? Geht es nur um einen einmaligen, unwiederholbaren Vorgang vor rund zweitausend Jahren? Oder kann uns das, was den Sternkundigen damals begegnete, heute auch geschehen? Ist der Stern von Bethlehem längst verblasst? Oder kann er auch uns aufgehen? Hat diese biblische „Geschichte" etwas mit uns hier und heute zu tun? Oder ist sie vorbei — ein für allemal — und für uns Heutige höchstens noch historisch interessant: als Zeugnis dafür, wie die ersten Heiden Jesus den Erlöser anbeteten?

Ist der Stern von Bethlehem längst verblasst? Oder kann er auch uns aufgehen?

Eine erste Annäherung an eine Antwort auf diese Fragen lässt sich über einen selbstverständlichen Sachverhalt finden: Wenn wir sagen: „Dieses Unternehmen steht unter keinem guten Stern", dann hat das mit einem realen Stern zunächst wenig zu tun. Sondern der Stern ist eine Metapher für Glück und Gelingen. Gleiches gilt für den Satz: „Sein Stern beginnt zu sinken."

Wenn diese metaphorische Auslegung stimmt, wenn Matthäus unseren Text mit dieser Intention geschrieben hat, dann ging es ihm nicht zuerst und ausschließlich um eine historisch einmalige Geschichte, sondern um eine sinnbildhafte Darstellung von dem, was mit jedem von

Seinem Stern folgen

uns auf seinem Glaubensweg geschehen kann. Nur verdichtet der Evangelist das Geschehen zeitlich auf wenige Tage, was bei uns vielleicht Jahre braucht. Und er verlegt die Vorgänge, die bei uns vorwiegend im Inneren ablaufen, nach außen.

Wenn wir diese Auslegung anwenden, dann liest sich unsere Geschichte so: Die Weisen, das sind wir. Menschen, die es durch ihre Arbeit und ihre Leistung zu etwas gebracht haben, zu Ansehen, Erfolg, Wohlstand. Aber trotz alledem sind wir oft nicht zufrieden. Wir wollen mehr. Wir Menschen holen uns nie ganz ein. Wir sind immer hinter uns her. Wenn wir ein Ziel erreicht haben, tun sich gleich drei neue auf. Wir suchen ein letztes, endgültiges, unverlierbares Glück. Unser ganzes Leben ist bestimmt von einer Sehnsucht nach etwas, das wir selbst nicht schaffen können.

> *Wir wollen mehr. Wir Menschen holen uns nie ganz ein. Wir sind immer hinter uns her*

Einem Stern folgen – gibt es ein schöneres Bild für diese tiefste menschliche Sehnsucht? Einem Stern, der mir leuchtet in der Nacht? Einem Stern, der mir den Weg zum Glück und Glücken zeigt? Einem Stern, den ich so lange suchte und nicht fand?

Es gehört Mut und Risikobereitschaft dazu, die gewohnten Bahnen des Denkens und Lebens zu verlassen. Man kann zum Gespött der Leute werden, wenn sich der Stern als Irrlicht erweist. Die Magier verkörpern einen

Grundzug von uns Menschen, die wir gerade dadurch menschlich sind, weil wir suchen. Und Suchen heißt, das Vertraute und allzu Vertraute zu verlassen. Auszusteigen aus dem, was ich selber leisten und kontrollieren kann. Denn die Magier folgen ja nicht ihrem Stern, sondern seinem Stern. Sie erwarten von sich nichts und von Gott alles: Glück, Erfüllung, Leben.

Suchen heißt, das Vertraute und allzu Vertraute zu verlassen

Der Gegentyp, der Antiheld, gewinnt Gestalt in Herodes dem König. Er verlässt sich nur auf seine eigene Macht und seine eigenen Möglichkeiten. Er braucht keinen Erlöser; er meint, sich selbst erlösen zu können. Darum hält er den Stern dieser Heiden aus dem Morgenland auch für ein Hirngespinst. Darum bleibt er in der Festung seiner angeblichen Stärke, in der fest ummauerten Stadt Jerusalem. Da geht alles seinen geordneten, festgefahrenen, zementierten Gang. Da kommt keine Bewegung, kein Leben mehr auf; eingefahrene Denk- und Handlungsschemata werden einfach fortgeschrieben.

Wie anders draußen auf dem freien Feld bei Bethlehem. Da ist Neues möglich: Neues Denken, neues Tun, neues Leben. Die Umwertung aller Werte.

Das Interesse am Stern weicht dem Blick für den Menschen. Die Mächtigen, die Sternkundigen, die Weisen, die in ihrem Leben so viel erreicht und geleistet haben,

Seinem Stern folgen

werden hier erst wieder Menschen durch das Kind im Stall von Bethlehem. Sie beugen sich herunter zu Gott, der herunterkam zu uns und für uns. Sie merken, dass ihr Heil nicht in ihrer Gelehrtheit und ihrer Macht zu finden ist, sondern in Gott, weil Gott Mensch wurde im Menschen und Menschen wieder Menschen sein lässt. Darüber empfinden sie eine riesige Freude.

> *Die Weisen beugen sich herunter zu Gott, der herunterkam zu uns und für uns*

Diese weihnachtliche Freude des erlösten Menschen, sie hätte bei dem selbstgerechten Herodes nie aufkommen können, denn er hätte sich nie vor dem Kind gebeugt. Dafür ist er sich viel zu gut und viel zu groß. Und doch hat er Angst – in all seiner angeblichen „Größe". Deshalb befiehlt er, das Kind umzubringen.

So gesehen hat die Geschichte des Königs Herodes, hat die Geschichte der Weisen aus dem Morgenland sehr viel mit uns und unserer Geschichte zu tun: Wir sind nämlich beides: Herodes, der groß ist durch seine eigene Leistung, der nie sein Ziel findet und deshalb an sich selbst scheitert. Aber wir sind auch die Weisen, die suchen, die ihr Schneckenhaus verlassen, klein werden vor dem Kind und dadurch groß werden im Glück; die dann dort an der Krippe ihre Erlösung finden und geschenkt bekommen. Wer wird sich bei uns durchsetzen: Herodes oder die Weisen?

Seinem Stern folgen

Der Stern

Hätt' einer auch fast mehr Verstand
als die drei Weisen aus Morgenland
und ließe sich dünken, er wär wohl nie,
dem Sternlein nachgereist, wie sie;
dennoch, wenn nun das Weihnachtsfest
seine Lichtlein wonniglich scheinen läßt,
fällt auch auf sein verständig Gesicht,
er mag es merken oder nicht,
ein freundlicher Strahl:
Des Wundersternes von dazumal.

Wilhelm Busch

Ach wie gut,
dass niemand weiß…

Ein langer samtener roter Mantel, aus weicher weißer Watte der Bart, ein smartes Lächeln auf den Lippen und ein süßer-nie-klingendes Glöcklein in der Hand. Sie haben es sicherlich gleich erraten: Es ist vom Nikolaus die Rede. Von einem dieser Nikoläuse – oder besser „Weihnachtsmänner" –, die dieser Tage in vielen Kaufhäusern und Einkaufszonen das Weihnachtsgeschäft auf ihre Weise beleben helfen.

Ob Nikolaus von Myra, der Bischof aus dem vierten Jahrhundert, sich in seinen modernisierten Ausgaben des einundzwanzigsten Jahrhunderts noch erkennen würde? Hinsichtlich eines Umstandes sicherlich. Er liebte – genauso wie seine rot bemäntelten Nachfahren – die Verkleidung. Doch der Grund seiner Verkleidung war ein anderer. Er verkleidete sich nicht, um dem ganzen Weih-

nachtstrubel die entsprechende anheimelnde und fol-
kloristische Note zu geben; nicht um die Kauflust derer,
die nicht mehr wissen, was sie kaufen sollen, zu steigern;
nicht um Weihnachtsmann zu spielen.

Goldkugeln für drei arme Fräulein

Zu Myra, in der Landschaft Lykien, lebte zu Zeiten, da der
heilige Nikolaus noch ein Jüngling war, ein Edelmann, der
verwitwet und durch Schicksalsschläge völlig verarmt war;
bei ihm seine drei wohlgeratenen Töchter. Als diese nun
ins heiratsfähige Alter gekommen waren, bemühte sich der
Vater, sie zu verehelichen – aber ach, er blieb dabei ohne
Erfolg, weil er ganz außerstande war, den drei Mädchen eine
angemessene Aussteuer in die Ehe mitzugeben. Da der Edelmann bald auch nicht mehr in der Lage war, seine Töchter
zu ernähren, und es die strengen Sitten des Landes verboten,
dass adlige Jungfrauen gewöhnlichen Arbeiten gegen Lohn
nachgingen, fasste der Vater den verzweifelten Entschluss, die
Töchter in ein Freudenhaus zu schicken. Dort sollten sie in
Sünde ihr Brot verdienen. Von diesem Plan erfuhr der heilige
Nikolaus, der selbst über Vermögen gebot, und er sann auf
Abhilfe, auf dass die unschuldigen Mädchen einem solchen
Schicksal entgingen. Nachts begab er sich heimlich zum
Haus des Edelmanns und warf eine in ein Säckchen gehüllte
Goldkugel durch ein Fenster ins Schlafzimmer der Mädchen.
Am nächsten Morgen herrschte eitel Freude im Haus, und
der Vater vermochte nun die Aussteuer für seine älteste Toch-
ter aufzubringen, die alsbald verheiratet wurde. Wenig später
warf der heilige Nikolaus bei Nacht eine zweite Goldkugel

Ach wie gut, dass niemand weiß ...

ins Haus, so dass zur großen Freude der Bewohner auch die zweite Tochter die standesgemäße Mitgift für ihre Verheiratung erhielt. Während nun die jüngste Tochter bangte, ob ihr auch so wundersame Hilfe zuteilwerden könne, beschloss der Edelmann, nächtens ständig zu wachen, um mit Glück den unbekannten Wohltäter seines Hauses bei seinem Werk zu überraschen. Und tatsächlich erschien der heilige Nikolaus nach einiger Zeit erneut zu mitternächtlicher Stunde und warf eine dritte Goldkugel durchs offene Fenster in den Schlafraum der jüngsten Tochter. Dies vernahm der Vater, und er eilte hinaus, um dem Wohltäter zu danken. Als der Heilige davonlief, folgte er ihm flink, warf sich vor ihm auf die Erde und wollte ihm die Füße küssen. Der heilige Nikolaus aber verwehrte es ihm. Er gab sich zwar zu erkennen, verbot jedoch dem Edelmann, anderen von seinen guten Taten zu erzählen. Dies gelobte der Alte, doch es hat den Anschein, dass er sein seltenes Glück nicht auf die Dauer verheimlichen mochte. Zuerst aber gab er auch seine jüngste Tochter freudig und mit guter Aussteuer in den Stand der Ehe.

Ach wie gut, dass niemand weiß …

Nikolaus verkleidete sich, um unerkannt dort helfen zu können, wo die Not groß, das Geld knapp und das Elend schreiend war. Er verkleidete sich, weil er ob seines Helfens nicht als generöser Spender beklatscht werden wollte. Er verkleidete sich, damit nicht seine Person, sondern die Hilfe als solche im Mittelpunkt stehe. Ganz nach dem Motto: „Ach wie gut, dass niemand weiß …"

Nikolaus verkleidete sich, um unerkannt dort helfen zu können, wo die Not groß, das Geld knapp und das Elend schreiend war

Lasst uns froh und munter sein

1. Lasst uns froh und munter sein,
   und uns in dem Herrn erfreun!
   Lustig, lustig, traleralara,
   bald ist Nikolausabend da,
   bald ist Nikolausabend da!

2. Dann stell ich den Teller auf,
   Nikolaus legt gewiss was drauf.
   Lustig, lustig, traleralara,
   bald ist Nikolausabend da,
   bald ist Nikolausabend da!

3. Wenn ich schlaf, dann träume ich:
   Jetzt bringt Nikolaus was für mich.
   Lustig, lustig, traleralara,

Ach wie gut, dass niemand weiß …

bald ist Nikolausabend da,
bald ist Nikolausabend da!

4. Wenn ich aufgestanden bin,
   lauf ich schnell zum Teller hin.
   Lustig, lustig, traleralara,
   bald ist Nikolausabend da,
   bald ist Nikolausabend da!

5. Nikolaus ist ein guter Mann,
   dem man nicht genug danken kann.
   Lustig, lustig, traleralara,
   bald ist Nikolausabend da,
   bald ist Nikolausabend da!

Es gibt den Brauch, in der Nacht vom 5. auf den 6. Dezember Stiefel vor die Tür zu stellen, die dann über Nacht heimlich vom Nikolaus gefüllt werden. Ein schöner Brauch, gewiss. Aber es gibt auch heute viel zu viele Orte, wo keine Stiefel vor der Tür stehen, die Not aber dennoch wohnt. Orte leiser, stiller und verborgener Not. Materieller und anderer Art.

Vielleicht probieren wir es auch mal, ganz nach dem Beispiel des Nikolaus von Myra, solche Orte aufzuspüren und die nicht vor die Tür gestellten Stiefel zu füllen – so dass ein paar mehr Menschen sagen können: Der Nikolaus war da. Und dies nicht nur zur Advents- und Weihnachtszeit.

Eine Stimme in der Wüste

Johannes der Täufer

¹ In jenen Tagen trat Johannes der Täufer auf und verkündete in der Wüste von Judäa:

² Kehrt um! Denn das Himmelreich ist nahe.

³ Er war es, von dem der Prophet Jesaja gesagt hat: Eine Stimme ruft in der Wüste: Bereitet dem Herrn den Weg! Ebnet ihm die Straßen!

⁴ Johannes trug ein Gewand aus Kamelhaaren und einen ledernen Gürtel um seine Hüften; Heuschrecken und wilder Honig waren seine Nahrung.

⁵ Die Leute von Jerusalem und ganz Judäa und aus der ganzen Jordangegend zogen zu ihm hinaus;

⁶ sie bekannten ihre Sünden und ließen sich im Jordan von ihm taufen.

Eine Stimme in der Wüste

⁷ Als Johannes sah, dass viele Pharisäer und Sadduzäer zur Taufe kamen, sagte er zu ihnen: Ihr Schlangenbrut, wer hat euch denn gelehrt, dass ihr dem kommenden Gericht entrinnen könnt?

⁸ Bringt Frucht hervor, die eure Umkehr zeigt,

⁹ und meint nicht, ihr könntet sagen: Wir haben ja Abraham zum Vater. Denn ich sage euch: Gott kann aus diesen Steinen Kinder Abrahams machen.

¹⁰ Schon ist die Axt an die Wurzel der Bäume gelegt; jeder Baum, der keine gute Frucht hervorbringt, wird umgehauen und ins Feuer geworfen.

¹¹ Ich taufe euch nur mit Wasser zum Zeichen der Umkehr. Der aber, der nach mir kommt, ist stärker als ich und ich bin es nicht wert, ihm die Schuhe auszuziehen. Er wird euch mit dem Heiligen Geist und mit Feuer taufen.

¹² Schon hält er die Schaufel in der Hand; er wird die Spreu vom Weizen trennen und den Weizen in seine Scheune bringen; die Spreu aber wird er in nie erlöschendem Feuer verbrennen.

Matthäus 3, 1–12

Eine Stimme ruft, besser übersetzt: schreit, brüllt – laut und unüberhörbar. Das passt mir nicht, passt nicht in meine Stimmung im Advent. Geschrei, Lärm, Lautstärke habe ich sonst doch schon genug. Vorweihnachtszeit heißt Unruhe und Stress: Geschenke besorgen, Weih-

Eine Stimme in der Wüste

nachtsplätzchen backen, sich ins Getümmel der Weihnachtsmärkte stürzen, Skiurlaub auf die Reihe kriegen. Wenn ich sonst die fromme Beschaulichkeit bei Kerzenschein und Adventskranz nicht schaffe, dann wenigstens in der Kirche. Hier mal ein Stündchen träumen vom Advent der Kindheit, mich einlullen lassen von den zu Herzen gehenden Liedern. Sanft, ruhig und vor allem meditativ.

Nein, ein solches Geschrei passt mir da nicht, schon gar nicht im Evangelium. Soll er doch rumschreien, wo er will, nur nicht hier. Soll er mich doch in Ruhe lassen. Und überhaupt: Johannes hin oder her. Roter wallender Nikolausmantel und milder Rauschebart – in Ordnung; aber Kamelhaarmantel mit Ledergürtel – irgendwie unpassend. Wilder Honig ginge ja noch, aber Heuschrecken als Hauptmahlzeit, pfui Teufel. Insgesamt ein unsympathischer Typ, dieser Täufer. Nicht nur dass er rumschreit und unmöglich angezogen ist, er redet auch noch subversiv: Schlangenbrut, Axt an der Wurzel der Bäume, Spreu vom Weizen trennen, ins Feuer geworfen werden – all das beunruhigt mich, bringt mich aus der Fassung, passt nicht zu meiner adventlichen Stimmung.

Dann die Stimme in der Wüste. Wüste ist mir schon sympathischer. Das trifft es irgendwie. Wie in der Wüste, so fühle ich mich durchaus auch manchmal. Wüst und leer war die Erde, so heißt es schon im Schöpfungsbericht. Wüst ist es um mich herum, leer bin ich oft auch selber, wie ausgepumpt.

✳ *55* ✳

Vielleicht wäre es ganz gut, in dieser Einöde eine
Stimme zu hören, einen, der ruft, Richtung angibt, Ent-
scheidungshilfe bietet. Wer möchte nicht heraus aus der
Sandwüste, hinein in eine blühende Oase. Wüste ist ein
trauriges Bild und doch voller Hoffnung. Denn nur dort
in der Wüste, in der Stille, in der Einöde höre ich noch
seine Stimme.

Vielleicht täte mir eine Wüstenerfahrung gut. Lernen,
die Ruhe auszuhalten, mich selber auszuhalten, mit mir
allein zu sein im Getriebe des lauten Lebens. Nur wo
Wüste ist, da höre ich seine Stimme. Advent als kreative
Wüste … Denn wenn es in der Wüste einmal regnet,
dann blüht alles, wird Wüste zum Garten: „Tauet, Himmel den Gerechten! Wolken, regnet ihn herab" – nicht
umsonst beginnt ein beliebtes Adventslied so.

Eine Stimme in der Wüste ruft: Bereitet dem Herrn den
Weg. In einer fremden Stadt angewiesen sein auf Hilfe,
den Weg nicht kennen, einer muss
einem den Weg zeigen. Den Weg
bereiten, einem sagen, wo es lang
geht. Schwer genug für mich selber,
den rechten Weg zu finden, mich
an Weggabelungen zu entscheiden zwischen rechts und
links.

Eine Stimme in der
Wüste ruft: Bereitet
dem Herrn den Weg

Aber bei Gott, ihm einen Weg bereiten? Gott haben
wir doch sicher: im Katechismus, in klaren, eindeutigen Sätzen – zum Auswendiglernen. Gott wenigstens

ist keine Variable; er ist eine feste Größe, unveränderlich, ein für alle Mal, stabil. Aber ihm Wege bereiten, heißt – erschreckend genug –, er steht nicht fest, er will ankommen bei mir, ist in Bewegung. Ich hab ihn nicht fest (schon gar nicht zwischen zwei Buchdeckeln), er ist

Gott ist dynamisch, nicht statisch

beweglicher als ich, beweglicher als ich denke. Gott ist dynamisch, nicht statisch. Gott ist Leben, nicht Tod.

Also: Eine Stimme, die ruft – einer, der was zu sagen hat, Substanzielles statt billiger Reklame –, tut gut angesichts geistloser Slogans, die einem heute begegnen. Eine Stimme hinein in die Wüste trifft uns gut, denn öde und leer fühlen wir uns oft genug. Wege bereiten, das spricht für Bewegung, Entwicklung, Dynamik, das heißt herausführen aus der Wüste, das zeigt eine Richtung an.

Aber halt. Nicht wir gehen auf die Reise, sondern Gott. Nicht wir machen uns auf den Weg, sondern er. Nicht wir sind beweglich, sondern er. Hoffentlich überrascht er uns nicht, wenn er kommt – am 24. Dezember oder sonst wann, mitten im Jahr, und wir sind gar nicht da, oder: Aus dem guten Vorsatz, ihm den Weg zu bereiten, ist nichts geworden – wieder einmal!

Eine Stimme in der Wüste

Mitten im kalten Winter

wenn die langen Samstage kommen
wenn alle Wirtschaftszweige aufblühen
wenn die Arbeitsämter Weihnachtsmänner vermitteln
wenn allen Präsidenten der Friede am Herzen liegt
wenn zur inneren Einkehr durch Lautsprecher
aufgerufen wird
wenn der Stern von Bethlehem
über den Geschäften leuchtet
dann endlich
steht das Christkind vor der Tür

Uwe Timm

Der Flügelschlag des Engels

Die Geburt Jesu

¹ In jenen Tagen erließ Kaiser Augustus den Befehl, alle Bewohner des Reiches in Steuerlisten einzutragen.

² Dies geschah zum ersten Mal; damals war Quirinius Statthalter von Syrien.

³ Da ging jeder in seine Stadt, um sich eintragen zu lassen.

⁴ So zog auch Josef von der Stadt Nazareth in Galiläa hinauf nach Judäa in die Stadt Davids, die Bethlehem heißt; denn er war aus dem Haus und Geschlecht Davids.

⁵ Er wollte sich eintragen lassen mit Maria, seiner Verlobten, die ein Kind erwartete.

⁶ Als sie dort waren, kam für Maria die Zeit ihrer Niederkunft,

Der Flügelschlag des Engels

⁷ und sie gebar ihren Sohn, den Erstgeborenen. Sie wickelte ihn in Windeln und legte ihn in eine Krippe, weil in der Herberge kein Platz für sie war.

⁸ In jener Gegend lagerten Hirten auf freiem Feld und hielten Nachtwache bei ihrer Herde.

⁹ Da trat der Engel des Herrn zu ihnen und der Glanz des Herrn umstrahlte sie.
Sie fürchteten sich sehr,

¹⁰ der Engel aber sagte zu ihnen: Fürchtet euch nicht, denn ich verkünde euch eine große Freude, die dem ganzen Volk zuteilwerden soll:

¹¹ Heute ist euch in der Stadt Davids
der Retter geboren; er ist der Messias, der Herr.

¹² Und das soll euch als Zeichen dienen: Ihr werdet ein Kind finden, das, in Windeln gewickelt,
in einer Krippe liegt.

¹³ Und plötzlich war bei dem Engel ein großes himmlisches Heer, das Gott lobte und sprach:

¹⁴ Verherrlicht ist Gott in der Höhe und auf Erden ist Friede bei den Menschen seiner Gnade.

Lukas 2,1–14

„Fürchtet euch nicht, denn ich verkünde euch eine große Freude, die dem ganzen Volk zuteilwerden soll: Heute ist euch in der Stadt Davids der Retter geboren; er ist der Messias, der Herr."

Das ist wahrscheinlich der bekannteste Satz, den je ein Engel gesprochen hat. Er kann es an Bedeutung leicht mit jedem geflügelten Wort welches Großen der Weltgeschichte auch immer aufnehmen. Ohne dieses Engelswort keine zweitausend Jahre Christentumsgeschichte, ohne dieses Engelswort keine Milliarde Menschen, die an das Kind in der Krippe als Retter der Welt zu glauben versuchen. Und das alles, wo es – nach heutigem aufgeklärten Verständnis – doch gar keine Engel gibt. Dessen ungeachtet: Nicht nur gläubige Christinnen und Christen kennen dieses Engelswort aus dem zweiten Kapitel des Lukas-Evangeliums. Es gehört vielmehr zur humanistischen Allgemeinbildung.

Aller modernen Skepsis zum Trotz: Engel sind nichts spezifisch Christliches oder gar speziell Weihnachtliches. Sie haben schon gar nichts mit Kitsch oder harmlosem Christbaumschmuck zu tun. Sie sind vielmehr Mächte und Gewalten, Mittler zwischen dem Göttlichen *Engel sind Mittler zwischen dem Göttlichen und dem Irdischen* und dem Irdischen. Sie gehören ganz selbstverständlich zur universalen Religionsgeschichte wie das Salz in der Suppe oder wie die Buchstaben zum Alphabet. Überirdische „numinose" Geistwesen kommen in so gut wie allen Religionen vor, in der altägyptischen Religion genauso wie im Hinduismus und Buddhismus, in der griechischen und römischen Religion genauso wie in Judentum und Christentum. Nicht zuletzt haben Engel heute eine besondere Konjunktur in der Esoterikszene.

Der Flügelschlag des Engels

Im Alten und Neuen Testament sind Engel Boten oder Botschafter des unsichtbaren Gottes bei den Menschen. Der Engel ist Gottes Herold, der den Menschen seinen Willen verkündet, sie aber auch auf ihrem mitunter schwierigen Weg durch die Zeit geleitet und ihnen in ausweglos scheinenden Situationen neue Perspektiven eröffnet. Der Angelus an der Krippe verkündet ja gerade nicht Strafe und Gericht, sondern eine „große Freude", die Gott allen Menschen bereiten will. Nicht nur den Frommen, sondern dem „ganzen Volk" soll sie zuteilwerden. Der Engel verkündet das Evangelium, eine wahrhaft frohmachende und befreiende Nachricht!

Ohne den Angelus, den Engel, erschließt sich das *Eu-angelion*, die frohe Botschaft, nicht. Und ohne den Glanz des Verkündigungsengels auf der Krippe wäre die Heilige Nacht dunkel, stockfinstere Nacht. Ohne seine himmlische Deutung des Geschehens herrschten nur Elend, Trostlosigkeit und Tristesse auf hartem Stroh.

Ohne den Engel erschließt sich die frohe Botschaft nicht

Streichen wir den Engel aus dem zweiten Kapitel des Lukas-Evangeliums, dann bleibt nicht viel übrig vom Zauber der Weihnacht, dann verwandelt sich das *Eu-angelion* von der guten Nachricht zur üblen Botschaft: Josef ist auf kaiserlichen Befehl gezwungen, mit seiner hochschwangeren Frau wegen einer Volkszählung oder Steuererhebung von Nazareth nach Bethlehem zu ziehen. Dort oben im Bergland von Judäa kann es nachts recht kalt werden. Sie finden als Galiläer, als Ausländer, keine Unterkunft. Niemand will diese Fremden aufnehmen. Deshalb kommt es zu einer Notgeburt in einem Stall. Ein Futtertrog muss als Kinderbettchen herhalten: ein Migrantenschicksal wie zahllose andere – und Ende der Geschichte.

Gewalt der Stille

Wir sind so sehr verraten,
von jedem Trost entblößt,
in all den wirren Taten
ist nichts, das uns erlöst.

Wir sind des Fingerzeigens,
der plumpen Worte satt,
wir woll'n den Klang des Schweigens,
das uns erschaffen hat.

Gewalt und Gier und Wille
der Lärmenden zerschellt.
O komm, Gewalt der Stille,
und wandle du die Welt.

Werner Bergengruen

Erst der Engel erklärt das Paradox und verwandelt das Dunkel in Licht. Erst der Engel verleiht dem sinnlos Scheinenden Sinn: Gott, der Allmächtige und Ewige, dessen Namen fromme Juden aus lauter Ehrfurcht nicht auszusprechen wagen, kommt nicht als König, sondern als kleines hilfloses Kind, hineingeboren in wahrhaft asoziale Verhältnisse. Er ist im Wortsinn ein „heruntergekommener" Gott und gerade als solcher der Retter, der Messias, der Herr. Und seine Botschaft gilt nicht den Mächtigen, sondern den Schwachen, nicht Königen in gemauerten Burgen, sondern Hirten auf freiem Feld, nicht kundigen Schriftgelehrten, sondern ganz einfachen Menschen.

Erst der Engel verleiht dem sinnlos Scheinenden Sinn. Gott kommt nicht als König, sondern als kleines hilfloses Kind

Worin aber besteht die vom Engel verkündete Erlösung? Worin die Macht des ohnmächtig scheinenden göttlichen Kindes? Sie besteht in einem überraschenden Junktim, einer unauflösbaren gottmenschlichen Einheit, die wiederum von himmlischen Mächten verkündet wird, dieses Mal aber nicht bloß von einem einzelnen Engel, sondern von einem großen himmlischen Heer: „Gloria in excelsis Deo et in terra pax hominibus." Ehre sei Gott in der Höhe und Friede den Menschen auf Erden. Die Ehre Gottes, sein Wesen und Ziel, besteht im Frieden für alle Menschen und umgekehrt: Wenn Menschen Frieden schaffen auf Erden, dann erreichen sie dadurch nicht nur ihren Daseinszweck, sondern ehren vor allem Gott im Himmel.

Und bei dieser schwierigen Aufgabe, Frieden zu schaffen im Kleinen und Großen, bei diesem universalen Menschendienst, der die höchste Form von Gottesdienst ist, bleiben die Menschen nicht allein. Wiederum sind es Engel, die uns schützen, leiten und helfen, wie uns die Heilige Schrift immer wieder nahebringt. Der Angelus ist nicht nur der Herold der göttlichen Botschaft, sondern auch der praktische Helfer der Menschen auf ihrem Weg durch die Zeit. Daher kommen letztlich

Engel sind praktische Helfer der Menschen auf ihrem Weg durch die Zeit

auch die Vorstellungen von einem persönlichen Schutzengel. Und dieser braucht in unserer beschleunigten Welt in der Tat Flügel, um rechtzeitig da zu sein. Denn nur Fliegen ist hier noch schnell genug.

Aber Engel sind nach der Bibel und der kirchlichen Tradition nicht nur die Guten, sondern sie können durchaus auch die Bösen sein. Engel sind wie die Menschen Geschöpfe Gottes, allerdings als Geistwesen unsterblich. Sie haben aber wie die Menschen einen freien Willen und können sich wie wir auch gegen Gott entscheiden. Das haben – folgt man der traditionellen kirchlichen Engellehre – der Teufel und die Dämonen tatsächlich getan. Deshalb sind sie als gefallene Engel von Gott aus dem Himmel verbannt worden. Als böse Geister bedrängen sie den Menschen, um ihm Schaden zuzufügen.

Die kirchliche Dogmatik hat im Lauf der Jahrhunderte eine ausgeklügelte Engellehre entwickelt, mit nicht weniger als neun Engelklassen: Seraphim, Cherubim und Throne, Herrschaften, Kräfte und Mächte, Hoheiten, Erzengel und einfache Engel. Der Engelsturz aus dem Himmel wurde immer spekulativer ausgemalt. Die Vorstellungen der Theologen und des kirchlichen Lehramtes wurden immer ausdifferenzierter und abstruser zugleich. Man fragte sich, woher Päpste und Bischöfe so genau über das Wesen der Engel und die Vorgänge im Himmel Bescheid wissen konnten. Die fatale Folge: Es wurde nicht nur diese absolut überdrehte theologische Engellehre lächerlich gemacht, vielmehr wurden Engel grundsätzlich aus dem Repertoire aufgeklärter Menschen gestrichen.

„Die Engel über Bethlehem sind verschwunden … Wir können uns nicht mehr auf Engel verlassen … Den Auftrag, füreinander Engel, das heißt Boten Gottes, Boten Jesu Christi zu sein, nimmt uns kein Engel mehr ab." So brachte der Schweizer Dichter Kurt Marti schon vor über fünf Jahrzehnten das Lebensgefühl vieler seiner Zeitgenossen treffend auf den Punkt. In einer säkularen Welt, die von Rationalität und Entzauberung der Wirklichkeit gekennzeichnet ist, haben Engel und mythische Geistwesen keinen Platz mehr. Sie werden konsequent in den Bereich des Märchens oder des frommen Kitsches verwiesen. Und wenn Künstler sich heutzutage mit Engeln beschäftigen, dann oft nicht mehr im ursprünglichen religiösen oder theologischen Sinn.

Die Konsequenzen dieser Entzauberung der Welt und der Verdrängung der Engel deutet Kurt Marti ebenfalls an. Wenn es für moderne aufgeklärte Menschen keine Engel als himmlische Mächte mehr geben kann, fällt ihre ehemalige Aufgabe auf die Menschen selbst zurück. Anthropologisch gewendet müssen Menschen dann für Menschen zu Engeln werden. Wir haben als Menschen füreinander das zu sein oder zu leisten, was früher durch besondere Formen der Transzendenz verbürgt war. Der Verzicht auf Engel bedeutet den Verzicht auf himmlische Geborgenheit. Diese ist dann nur noch ganz irdisch zu haben. Wir müssen füreinander zu Engeln, zu Boten humaner Werte und menschlicher Nähe, zu Friedensbringern und helfenden Schutzengeln werden.

Füreinander Engel sein – und Schutzengel zumal – ist eine schöne Aufgabe. Es lohnt sich allemal, sich darum zu bemühen. Aber ist es nicht oft auch eine Überforderung, an der wir ohne Hilfe von oben nur scheitern können? Vielleicht sollten wir die Mächte

Füreinander Engel sein, und Schutzengel zumal, ist eine schöne Aufgabe

und Gewalten, die man früher Engel nannte, doch nicht ganz ausgrenzen. Denn der Glaube an Gott, den Herrn des Himmels und der Erde, verleiht manchmal wirklich Flügel.

Das ändert am Inhalt, an der Sache, die zu tun ist, nichts, aber vielleicht kommt nicht nur eine zusätzliche Motivation und ein neuer Sinnhorizont unseres Tuns hinzu, sondern auch eine gewisse gläubige Gelassenheit. Denn für glaubende Menschen gibt es auch heute noch

Engelrealitäten, selbst wenn diese nicht immer sichtbare Flügel haben. Für sie gibt es Dinge zwischen Himmel und Erde, die weder machbar noch erklärbar sind: Da ist eine *„Von guten Mächten treu* unverdiente und nicht planbare *und still umgeben, behütet* Einsicht, die einem im Nach- *und getröstet wunderbar"* hinein nicht selten als geradezu himmlisch vorkommt. Da fühlen sie sich in existentiell schwierigen Lebenslagen unvermittelt – um mit Dietrich Bonhoeffer zu sprechen – „von guten Mächten treu und still umgeben, behütet und getröstet wunderbar".

Dann spüren wir vielleicht doch den „Flügelschlag" eines Engels …

Gott hat das Chillen erfunden

Die Woche „zwischen den Jahren" ist für viele, nicht nur junge Menschen, die ideale Zeit zum Chillen. Mit Weihnachten, Krippenspiel oder gar Mitternachtsmesse haben sie dabei wenig am Hut. Im Gegenteil: Statt religiösem Stress mit Gottesdienstbesuch und Weihnachtsgeschichte unterm Tannenbaum steht für sie das Antiprogramm auf der Agenda: Chillen, Abhängen, alles absolut entspannt angehen. So wie Woche für Woche, wo es um ein gechilltes Wochenende statt einen frommen Sonntag geht.

Und in der Tat: Chillen und Glauben – das passt auf den ersten Blick nicht wirklich zusammen. „Gechillt" und „geglaubt" stammen nicht nur sprachlich aus unterschiedlichen Welten, die Begriffe scheinen auch sachlich nicht versöhnbar zu sein. Hier die Jugendkultur, der es um abhängen, das Leben genießen und relaxen geht. Dort das

Gott hat das Chillen erfunden

Christentum mit seinen Geboten und vor allem Verboten, mit seinen ethischen Vorschriften und dem ganzen religiösen Leistungsdruck. Hier die überfüllte, vor Wasserpfeifendampf wabernde Shisha Lounge, dort weitgehend leere, weihrauchgeschwängerte Kirchenräume, in die sich allenfalls ein paar ältere Superfromme hinein verirren, um über die verdorbene moderne Zeit und ihre Verirrungen zu klagen. Gechillte Jugendliche und gläubige Christenmenschen scheinen auf verschiedenen Ufern eines reißenden Flusses zu stehen, über den kein Weg und kein Steg führt.

Aber lassen sich die beiden Lebensbereiche so strikt voneinander trennen? Stimmt das wirklich? Handelt es sich bei Glauben und Chillen tatsächlich um einander fremde Universen? Sind die Verbindungen zwischen den beiden

Welten nicht doch viel stärker, als man auf den ersten Blick vermutet?

Chillen kommt aus dem Englischen und bedeutet im klassischen Sprachgebrauch zunächst einmal kühlen, sich abkühlen, dann aber im amerikanischen Slang und der daraus abgeleiteten Jugendsprache auch und vor allem: sich beruhigen, ausruhen, sich entspannen. Und plötzlich merken wir: Dieses menschliche Grundbedürfnis nach Ruhe und Entspannung hat tatsächlich viel mit der ursprünglichen biblischen Bedeutung des siebten Tags der Woche als Ruhetag zu tun.

Gleich zu Beginn der Heiligen Schrift, im Schöpfungsbericht aus dem ersten Buch des Mose, heißt es, Gott habe in sechs Tagen „Himmel und Erde vollendet und ihr ganzes Gefüge". Am siebten Tag aber ruhte Gott, „nachdem er sein ganzes Werk vollbracht hatte". Und „Gott segnete den siebten Tag und erklärte ihn für heilig; denn an ihm ruhte Gott, nachdem er das ganze Werk der Schöpfung vollendet hatte" (Genesis 2,1–3). Obwohl die eigentliche Schöpfungsarbeit nach sechs Tagen vollbracht war, gehört der siebte Tag, an dem Gott zu arbeiten aufhört und ruht, unverzichtbar zur Schöpfung und damit zum Leben dazu. Dieser siebte Tag wird sogar besonders gesegnet und geheiligt. Die Spannung von Arbeit und Ruhe ist unverzichtbar, sie ist für die Heilige Schrift das eigentlich belebende Element des göttlichen und menschlichen Seins.

Am siebten Tag aber ruhte Gott, „nachdem er sein ganzes Werk vollbracht hatte"

Das Sabbat-Gebot

8 Gedenke des Sabbats: Halte ihn heilig!
9 Sechs Tage darfst du schaffen und jede Arbeit tun.
10 Der siebte Tag ist ein Ruhetag, dem Herrn,
deinem Gott, geweiht. An ihm darfst du keine Arbeit
tun: du, dein Sohn und deine Tochter, dein Sklave
und deine Sklavin, dein Vieh und der Fremde, der in
deinen Stadtbereichen Wohnrecht hat.

Exodus 20,8–10

In den Zehn Geboten, die Gott seinem Volk nach der Befreiung aus der Knechtschaft Ägyptens als Grundordnung gab, wird diese Vorschrift dann noch einmal eingeschärft: „Gedenke des Sabbats: Halte ihn heilig! Sechs Tage darfst du schaffen und jede Arbeit tun. Der siebte Tag ist ein Ruhetag, dem Herrn, deinem Gott, geweiht. An ihm darfst du keine Arbeit tun: du, dein Sohn und deine Tochter, dein Sklave und deine Sklavin, dein Vieh und der Fremde, der in deinen Stadtbereichen Wohnrecht hat." (Exodus 20,8–10)

Der Gott der Bibel steht für nichts Geringeres als eine Revolution. Ein von Gott verordneter allgemeiner Ruhetag nicht nur für die Herren, sondern auch für die

Gott hat das Chillen erfunden

Sklaven und sogar das Vieh und letztendlich alle Kreaturen, all das ist religionsgeschichtlich ohne Vergleich.

Die Woche mit ihren sieben Tagen, die uns in Fleisch und Blut übergegangen ist und die wir als natürlich gegeben empfinden, folgt nämlich – anders als ein Monat oder das Jahr – nicht den regelmäßigen Prozessen in der Natur: Während der Monat einen Mondzyklus vom Neumond zum Vollmond abbildet, den man am Nachthimmel gut nachvollziehen kann, und das Jahr die Zeit bezeichnet, die die Erde tatsächlich braucht, um ihre Bahn um die Sonne einmal zu vollenden, was in zahlreichen Kulturen vor allem an den Sonnwenden im Sommer und Winter gefeiert wurde, ist der siebte Tag eine „willkürliche" Setzung des biblischen Gottes. Einen Siebener-Rhythmus gibt es in der Natur nicht.

Die Untergliederung eines Monats könnte auch die Dekade sein, wie sie im Kalender der Französischen Revolution versucht wurde. Der Ursprung der Sieben-Tage-Woche ist somit „übernatürlich" und stammt nach Ansicht der Heiligen Schrift direkt von Gott: Weil Gott am siebten Tag nach sechs Tagen Schöpfungsarbeit ruhte, soll auch der Mensch und mit ihm die ganze Schöpfung am siebten Tag ruhen. Anders als in den anderen Kulturen der Antike werden in der Bibel Arbeit und Ruhe nicht mehr zwischen Ober- und Unterschicht verteilt, sondern alle Menschen, ohne Unterschied, sollen sechs Tage arbeiten und am siebten Tag entspannen.

Gott hat das Chillen erfunden

Auch wenn man es kaum glauben mag: Der Gott der Bibel hat das Chillen erfunden oder zumindest die entscheidende Voraussetzung dafür geschaffen. Ohne die Religion der Juden gäbe es keinen Ruhetag, ohne das Christentum keinen Sonntag. Das ist ein einmaliger Beitrag der Heiligen Schrift für die Menschheitsgeschichte. In dieser jüdisch-christlichen Tradition stehend schützt das Grundgesetz der Bundesrepublik Deutschland deshalb in Artikel 140 nach wie vor die Sonntage als Tage der „Arbeitsruhe und der seelischen Erhebung".

Aber vielleicht ist „Chillen" auch gar kein ursprüngliches Element von Jugendkultur, sondern als Begriff nur das moderne jugendsprachliche Synonym für den etwas angestaubten Begriff der „seelischen Erhebung" aus dem Grundgesetz, den man auch mit „Muße" umschreiben könnte. Beide Male geht es um „Abkühlung", es geht darum, aus dem überhitzten Alltag heraus wieder auf Normaltemperatur zu kommen. Beide Male geht es darum, aus der An-spannung und Über-spannung zur Ent-spannung zu finden. Beide Male geht es um Frei-zeit im ursprünglichen Wortsinn, um Zeit, die mir selbst gehört und nicht von anderen bestimmt wird. Es geht um qualitativ

Es geht um qualitativ erfüllte Zeit, der ich selber einen Sinn geben kann

erfüllte Zeit, der ich selber einen Sinn geben kann. Es geht um Ruhe, Freiheit und Glück, die hier und heute erfahren werden können.

Die christlichen Kirchen haben wahrscheinlich den religiösen Leistungscharakter des Ruhetags allzu einseitig betont und den Menschen mit Sonntagsgeboten und Verboten dieses einmalige göttliche Geschenk zur Last gemacht. Und sie haben die erfüllte Zeit nicht selten ins Jenseits, als ewiges Heil in den Himmel, verschoben, weit weg vom diesseitigen Erleben und Erfahren von Ruhe und Entspannung.

Vielleicht haben die Jugendlichen und auch alle anderen, die sich nach einem gelegentlichen Chillen sehnen und wenigstens am Wochenende vom Stress der Woche, von Schule, Arbeit und Terminen befreit sein wollen, sozusagen als „anonyme Christen" – um eine bekannte Formulierung des Jesuitentheologen Karl Rahner aufzugreifen – intuitiv verstanden, was der Gott, der am siebten Tage nach sechs Tagen Schöpfungsarbeit ruhte, der Welt eigentlich geschenkt hat: einen Tag der Muße für alle Lebewesen, ohne Ausnahme, selbst für Rind und Esel (Deuteronomium 5,14); nach sechs Tagen einen Tag, um wieder zu sich selbst zu finden. Denn nur wer bei sich ist, gechillt im besten Sinne, kann sich als Mensch erfahren, wird offen für die Menschen um sich herum, für die Schönheit der Schöpfung und nicht zuletzt vielleicht auch für den Schöpfer, der Himmel und Erde gemacht hat.

Nur wer bei sich ist, gechillt im besten Sinne, kann sich als Mensch erfahren

Interessanterweise geht es genau darum auch an Weihnachten: Gott wird Mensch in dem Kind im Stall von Bethlehem, damit auch wir Menschen wieder wirklich Menschen werden können. Zum Menschsein gehören aber Ruhe, Erholung und nicht zuletzt Muße unverzichtbar hinzu. Nicht umsonst heißt es im bekannten Weihnachtsgedicht „Von drauß' vom Walde komm ich her" von Theodor Storm:

„Die Kerzen fangen zu brennen an,
das Himmelstor ist aufgetan.
Alt und Junge sollen nun
von der Jagd des Lebens einmal ruhn.
Und morgen flieg ich hinab zur Erden,
denn es soll wieder Weihnachten werden!"

Knecht Ruprecht

Von drauß' vom Walde komm ich her;
ich muß euch sagen, es weihnachtet sehr!
Allüberall auf den Tannenspitzen
sah ich goldene Lichtlein sitzen;
Und droben aus dem Himmelstor
sah mit großen Augen das Christkind hervor.
Und wie ich so strolcht' durch den finstern Tann,
da rief's mich mit heller Stimme an:
„Knecht Ruprecht," rief es, „alter Gesell,
hebe die Beine und spute dich schnell!
Die Kerzen fangen zu brennen an,

Gott hat das Chillen erfunden

das Himmelstor ist aufgetan.
Alt und Junge sollen nun
von der Jagd des Lebens einmal ruhn.
Und morgen flieg ich hinab zur Erden,
denn es soll wieder Weihnachten werden!"
Ich sprach: „O lieber Herre Christ,
meine Reise fast zu Ende ist.
Ich soll nur noch in diese Stadt,
wo's eitel gute Kinder hat."
„Hast denn das Säcklein auch bei dir?"
Ich sprach: „Das Säcklein, das ist hier;
denn Äpfel, Nuß und Mandelkern,
fressen fromme Kinder gern."
„Hast denn die Rute auch bei dir?"
Ich sprach: „Die Rute, die ist hier.
Doch für die Kinder nur, die schlechten,
die trifft sie auf den Teil, den rechten."
Christkindlein sprach: „So ist es recht.
So geh mit Gott, mein treuer Knecht!"

Von drauß' vom Walde komm' ich her;
ich muß euch sagen, es weihnachtet sehr!
Nun sprecht, wie ich's hierinnen find':
Sind's gute Kind', sind's böse Kind'?

Theodor Storm

Chillen ist göttlich – und weihnachtlich im besten Sinn.
Und der Gott der Bibel hat das Chillen erfunden. Es ist
auch nicht weiter schlimm, wenn sein Copyright heutzutage beim Chillen nicht mehr draufsteht. Der Gott,

Gott hat das Chillen erfunden

an den Juden und Christen glauben, sieht dieses Plagiat sicher ganz gechillt.

Gott geht es nämlich zuerst um uns Menschen, um unser Glück und Heil. Und wenn der eine oder andere dann irgendwann ganz gechillt daran glauben kann, dass das Himmelstor durch Gottes eigene Initiative auch für ihn geöffnet ist, indem Gott seinen eigenen Sohn in diese gestresste Welt gesandt hat, dann ist doch schon viel erreicht. Gerade weil es eigentlich bereits seit der Schöpfung, spätestens und unumkehrbar aber seit Weihnachten religiös keinen Stress mehr gibt und Jesus Christus uns alle schon erlöst hat, ist der Segen des siebten Tages und der Friede der Heiligen Nacht bis in unsere Zeit hinein Wirklichkeit geworden.

Der Segen des siebten Tages und der Friede der Heiligen Nacht ist bis in unsere Zeit hinein Wirklichkeit geworden

Wenn der Herr will ...

Der Jahreswechsel steht im Zeichen der Bilanzen. Die Banken berechnen den Kontoabschluss zum 31. Dezember, Soll und Haben werden exakt aufgelistet, angefallene oder zu zahlende Zinsen aufgezählt. An Silvester endet oft auch das Haushaltsjahr; jetzt stehen alle Daten für die Steuererklärung fest, jeder hofft auf eine Steuerrückerstattung, keiner wünscht sich eine Nachzahlung. Am Jahresende wird abgerechnet und auf der Basis dieser Zahlen werden die neuen finanziellen Vorhaben und Transaktionen für das kommende Jahr geplant.

Wenn der Herr will ...

Lobpreiset all zu dieser Zeit

1. Lobpreiset all zu dieser Zeit,
   wo Sonn und Jahr sich wendet,
   die Sonne der Gerechtigkeit,
   die alle Not beendet.
   Gelobt sei Gott in Ewigkeit,
   wir singen ihm in Dankbarkeit.
   Lobpreiset seinen Namen.

2. Herr Jesus hat das Jahr erneut,
   den hellen Tag gegeben,
   da er aus Gottes Herrlichkeit
   eintrat ins Erdenleben.
   Gelobt sei Gott in Ewigkeit,
   wir singen ihm in Dankbarkeit.
   Lobpreiset seinen Namen.

3. Er hat sein Licht in alle Welt
   mit Gnade ausgegossen
   und läßt zu kalter Winterszeit
   in neues Leben sprossen.
   Gelobt sei Gott in Ewigkeit,
   wir singen ihm in Dankbarkeit.
   Lobpreiset seinen Namen.

Heinrich Bone

Und was für Finanzen und Steuern zutrifft, das gilt auch grundsätzlich: Der Jahreswechsel ist die Zeit der Bilanz. Ein Rückblick auf das vergangene Jahr ist angesagt, seine

guten und schlechten Tage wollen gegeneinander aufge-
wogen, eine Gesamtbewertung vorgenommen werden.
Aber mindestens genauso wichtig ist der Blick nach
vorn, auf die Pläne und guten Vorsätze, die es zu fassen
gilt. Alle wünschen sich dann, dass es ein gutes neues
Jahr werden möge, was ja wohl heißt, dass Wünsche in
Erfüllung gehen und Pläne zur Realität werden sollen.

Diese Pläne für das kommende Jahr sehen sicher bei jedem anders aus, aber jeder nimmt sich etwas vor für das
neue Jahr, glaubt, die Zukunft planen, die kommende
Zeit in den Griff bekommen zu können. Und das ist
sicher auch gut so, denn ohne diese Phantasie, ohne kon-
krete Zieloptionen würde sich nichts bewegen, würde
alles auf der Stelle treten. Und vielleicht brauchen wir
gerade heute Menschen mit Visionen und kreativen Vor-
schlägen mehr denn je.

Aber mit diesem Planen, mit diesem Zugriff auf die Zukunft ist eine große Versuchung verbunden, der Glaube
nämlich, alles planen und steuern zu können. Die Erfahrung lehrt aber, dass sich der Mensch überschätzt, wenn
er glaubt, sich zum Herrn der Zeit und der Zukunft machen zu können.

Wer von uns kennt nicht die Erfahrung, dass er große
Pläne gemacht hat und diese einfach durchkreuzt wurden und alles doch ganz anders kam als geplant? Manchmal werden aber auch alle Pläne erfüllt, sogar übererfüllt,
und oft können wir eigentlich gar nichts dafür. Aber es

Wenn der Herr will ...

kann auch andersherum kommen: Da läuft beruflich alles bestens und dann stirbt plötzlich und unerwartet ein geliebter Mensch. Manchmal glaubt man, eine Freundschaft oder eine Ehe sei nicht zu retten, und dann stabilisiert sie sich doch ganz überraschend.

Warnung vor falscher Selbstsicherheit

[13] Ihr aber, die ihr sagt: Heute oder morgen werden wir in diese oder jene Stadt reisen, dort werden wir ein Jahr bleiben, Handel treiben und Gewinne machen,

[14] ihr wisst doch nicht, was morgen mit eurem Leben sein wird. Rauch seid ihr, den man eine Weile sieht; dann verschwindet er.

[15] Ihr solltet lieber sagen: Wenn der Herr will, werden wir noch leben und dies oder jenes tun.

Jakobus 4,13–15

Die Heilige Schrift kennt genau diese Erfahrung und thematisiert sie immer wieder. Die Bibel ist keineswegs weltfremd, sondern gesättigt mit der Wahrheit, die das menschliche Leben ausmacht. Der Jakobus-Brief zum

Wenn der Herr will ...

Beispiel spricht es ausdrücklich an: Ihr macht Pläne fürs nächste Jahr, eine Geschäftsreise in eine fremde Stadt, die besten Gewinn verspricht. Aber „ihr wisst doch nicht, was morgen mit eurem Leben sein wird". Jakobus vergleicht unser Leben mit Rauch, den man eine Weile sieht und der sich dann in nichts auflöst. Ganz schonungslos wird uns da ein Spiegel vorgehalten. Und wer von uns würde sich nicht – wenn er ehrlich ist – darin erkennen?

Der Jakobus-Brief wirft uns Glaubende im Grunde zurück auf Gott. Er ist unser Ursprung, er ist der tragende Grund unserer Wirklichkeit, er ist der Herr der Zukunft, er allein hält die Zeit in Händen – nicht wir. Wir sind in der Tat wie Gras, das verdorrt, wie die Blume, die

Gott ist der tragende Grund unserer Wirklichkeit, er ist der Herr der Zukunft, er hält die Zeit in Händen – nicht wir

verwelkt, wie es in den Psalmen heißt. Es ist wichtig, dass uns dies gerade am Jahresende ganz eindringlich bewusst wird. Unsere Bilanzen sind nichts wert, wenn Gott nicht für ihre Deckung bürgt. Unser Leben hat keinen Sinn, wenn es nicht über die Zeit hinaus eine Zukunft gibt. Wir wären überhaupt nicht, wenn er uns nicht geschaffen hätte am Anfang der Zeit – im Urknall oder wie auch immer. Wir sind auf ihn geworfen, ob wir wollen oder nicht.

Das ist uns unangenehm, das widerspricht unserem Verlangen nach Freiheit, Autonomie und Selbstverwirklichung. Wir suchen diese bittere Wahrheit zu verdrängen. Vielleicht sind die knallenden Sektkorken, Böllerschläge

Wenn der Herr will ...

und Leuchtraketen in der Silvesternacht Versuche, diesen bösen Traum zu vertreiben.

Aber die Wirklichkeit holt uns ein. Und das ist gut so. Denn Freiheit braucht eine Grundlage, Ziele brauchen Werte, Autonomie braucht eine Zielrichtung, Selbstverwirklichung braucht Orientierung. Unser Glaube sagt uns, dass wir in der Hand dessen sind, der Jahr und Tag gemacht hat. Das bindet uns an ihn und macht uns dabei frei, denn Freiheit ist nur als „Bindung an das erkannte Gute" zu verstehen, wie es der Philosoph Georg Friedrich Wilhelm Hegel einmal treffend auf den Punkt gebracht hat.

„Wenn der Herr will, werden wir noch leben und dies oder jenes tun", sagt Jakobus. Nicht wenn wir wollen, sondern wenn er will. Vielleicht tut uns diese demütige Haltung zum Jahreswechsel ganz gut. Andererseits bleibt das, was Gott letztlich mit uns will, nicht im Verborgenen, sondern sein Jahres- und Lebensplan ist aufgeleuchtet im Kind von Bethlehem, im Programm des Jesus von Nazareth, in dem Gott uns nahe sein will.

Der Silvesterabend ist nicht umsonst der Oktav-Tag der Heiligen Nacht, genau eine Woche nach Weihnachten. Gott will, dass wir Mensch werden und menschlich leben. Doch dazu gehört auch, unsere Rolle als Menschen zu akzeptieren und diese nicht mit der Rolle Gottes zu verwechseln, denn nur wenn der Herr will, werden wir dieses oder jenes tun im neuen Jahr.

Die Relativität der Zeit

Wir sind es gewohnt, die Zeit für eine objektive Größe zu halten, exakt messbar bis zur x-ten Stelle hinter dem Komma. Genauso wie die Länge, Breite und Höhe sowie alles, was wir empirisch erfahren und nachprüfen können. Doch spätestens seit Albert Einstein und seiner Relativitätstheorie ist erwiesen, dass das nicht stimmt: Die Zeit ist nicht absolut, sondern relativ; nicht objektiv, sondern abhängig vom Raum.

Nur, um das nachvollziehen zu können, braucht es keine wissenschaftliche Relativitätstheorie und auch kein Genie wie Einstein. Da reicht die ganz alltägliche, menschliche Erfahrung. Für ein Kind vergeht so manche Schulstunde – vor allem wenn es sich um Mathematik oder eines seiner anderen „Lieblingsfächer" handelt – oft quälend langsam. Und mancher Schüler denkt Anfang Dezember, wie furchtbar lange die Tage bis Weihnachten noch dauern!

Die Relativität der Zeit

Manch Älterer sagt dagegen in diesen Tagen: „Schon sind die Bäume wieder kahl und Novembernebel drückt seit Wochen auf das Gemüt. War es nicht erst gestern oder vorgestern, dass die Bäume ausschlugen und blühten? Ist es wirklich schon wieder ein halbes Jahr her, seit wir singen konnten: Der Mai ist gekommen?"

Nicht wenige Menschen haben das Gefühl, je älter sie werden, desto schneller vergeht die Zeit. Der objektiv gleich lange Zeitraum kann je nach Umständen und Lebensalter, je nach Erwartung, konkreter Situation und Raum rasend schnell vergehen oder sich elend langsam dahinziehen.

Wie wir Zeit erfahren, was Zeit für uns bedeutet, wie schnell oder wie langsam sie für uns vergeht, ob es erfüllte oder vertane Zeit ist, hängt wesentlich von uns selbst ab, ist also relativ zu uns selber. Und damit ist klar: Zeit ist für uns Menschen nicht nur eine quantitative Größe, etwas, was man in Jahren, Monaten, Tagen und Stunden messen kann, sondern auch eine subjektiv erfahrbare Qualität.

Es ist wie mit einem Stück Stoff für ein Kleid oder einen Anzug. Man hat hoffentlich, wenn man nicht zugenommen hat, immer noch dieselben Maße und braucht daher dieselbe Stoffmenge. Aber ob das Kleid oder der Anzug schön werden oder nicht, ob sie gefallen oder nicht, hängt in erster Linie von unserem eigenen, vielleicht veränderten Geschmack und von der Qualität und

❋ 86 ❋

Die Relativität der Zeit

Beschaffenheit des Stoffes ab. Ob ein Zeitabschnitt etwas bringt oder nicht, hängt nicht nur von seiner Dauer ab, sondern eben vor allem von seiner Qualität. Und nicht zuletzt von der Antwort auf die Frage: Wer bestimmt eigentlich wen? Wir die Zeit? Oder die Zeit uns?

Meine Zeit steht in Deinen Händen

1. Sorgen quälen und werden mir zu groß.
   Mutlos frag ich, was wird morgen sein?
   Doch Du liebst mich, Du lässt mich nicht los.
   Vater, Du wirst bei mir sein.
   Meine Zeit steht in Deinen Händen.
   Nun kann ich ruhig sein, ruhig sein in Dir.
   Du gibst Geborgenheit, Du kannst alles wenden.
   Gib mir ein festes Herz, mach es fest in Dir.

2. Hast und Eile, Zeitnot und Betrieb
   nehmen mich gefangen, jagen mich.
   Herr, ich rufe: Komm und mach mich frei!
   Führe Du mich Schritt für Schritt.
   Meine Zeit steht in Deinen Händen.
   Nun kann ich ruhig sein, ruhig sein in Dir.
   Du gibst Geborgenheit, Du kannst alles wenden.
   Gib mir ein festes Herz, mach es fest in Dir.

Die Relativität der Zeit

3. Es gibt Tage, die bleiben ohne Sinn.
   Hilflos seh ich, wie die Zeit verrinnt.
   Stunden, Tage, Jahre gehen hin
   und ich frag, wo sie geblieben sind.
   Meine Zeit steht in Deinen Händen.
   Nun kann ich ruhig sein, ruhig sein in Dir.
   Du gibst Geborgenheit, Du kannst alles wenden.
   Gib mir ein festes Herz, mach es fest in Dir.

Peter Strauch

Dieses Thema wird in dem Kinderbuch „Momo" – wenn es denn wirklich ein Buch für Kinder und nicht doch eher eines für Erwachsene ist – von Michael Ende treffend illustriert. Einmal – so wird erzählt – zeigte Meister Hora, der Verwalter der Zeit, der kleinen Heldin, dem Mädchen Momo, das Geheimnis der Zeit. „‚Meister Hora', flüsterte Momo, ‚ich hab' nie gewusst, dass die Zeit aller Menschen so …' – sie suchte nach dem richtigen Wort und konnte es nicht finden – ‚so groß ist', sagte sie schließlich. ‚Was du gesehen und gehört hast, Momo', antwortete Meister Hora, ‚das war nicht die Zeit aller Menschen. Es war nur deine eigene Zeit'."

Wem von uns würde es nicht wie der kleinen Momo ergehen? Wer von uns würde nicht staunen über das ungeheure Quantum an Zeit, die wir Menschen leben? Wenn man bedenkt, dass ein einziges Jahr 31.536.000 Sekunden hat? Wie ungenutzt geht die Zeit doch oft vorbei! Wie oft sind wir Menschen degradiert zu Sklaven der

Die Relativität der Zeit

Zeit, zu selbstverschuldeten Knechten unseres Götzen Terminkalender?

Im Buch „Momo" versuchen Zeit-Diebe, den Menschen ihre Zeit zu stehlen. Eine „Gesellschaft grauer Herren" veranlasst die Menschen, immer schneller und hektischer zu leben. Die Zeit-Diebe versprechen den Menschen, dadurch Zeit zu sparen, welche sie dann für später aufheben können. In Wirklichkeit betrügen die Zeit-Diebe die Menschen aber um diese angeblich gesparte Zeit. Denn Zeit lässt sich nicht sparen. Wenn sie vorbei ist, dann ist sie unwiederbringlich vergangen. Aber anstatt den offenkundigen Betrug einzusehen, werden die Menschen beim Zeitsparen nur immer noch hastiger und dadurch immer noch gefühl- und lieblosser. Ein Teufelskreis!

Deshalb bittet Momo Meister Hora: „Könntest du es dann nicht ganz einfach so einrichten …, dass die Zeit-Diebe den Menschen keine Zeit mehr stehlen können?" Aber Meister Hora antwortet: „Nein, das kann ich nicht, … denn was die Menschen mit ihrer Zeit machen, darüber müssen sie selbst bestimmen. Sie müssen sie auch selbst verteidigen."

Dieser Satz führt zum springenden Punkt: Wir dürfen uns nicht einfach von Zeit-Dieben aller Art betrügen lassen. Wir dürfen nicht schlafen und zusehen, was man mit unserer Zeit macht. Wir haben es selbst in der Hand. Wir sind die eigentlichen Herren unserer Zeit.

Die Relativität der Zeit

Der Apostel Paulus formuliert das in seinem Brief an die Römer eindringlich: „Bedenkt die gegenwärtige Zeit. Die Stunde ist gekommen, aufzustehen vom Schlaf." Wer jetzt schläft, der ver-schläft das Entscheidende. Wer jetzt nicht aufsteht, den Auf-stand probt, gegen den Termindruck, die Hetze, der versäumt die Auferstehung zum wahren Leben. Wer sich jetzt nicht bewusst wird, was die Stunde geschlagen hat, der wird bewusstlos mitgerissen vom Strom der Zeit. Wer jetzt nicht merkt, dass Advent ist, Zeit der Ankunft des Herrn, wer oder was soll bei dem noch ankommen?

Wer jetzt nicht merkt, dass Advent ist, wer oder was soll bei dem noch ankommen?

Bedenkt die gegenwärtige Zeit

[11] Bedenkt die gegenwärtige Zeit: Die Stunde ist gekommen, aufzustehen vom Schlaf. Denn jetzt ist das Heil uns näher als zu der Zeit, da wir gläubig wurden.

[12] Die Nacht ist vorgerückt, der Tag ist nahe. Darum lasst uns ablegen die Werke der Finsternis und anlegen die Waffen des Lichts.

[13] Lasst uns ehrenhaft leben wie am Tag, ohne maßloses Essen und Trinken, ohne Unzucht und Ausschweifung, ohne Streit und Eifersucht.

❀ 90 ❀

Die Relativität der Zeit

[14] Legt als neues Gewand den Herrn Jesus Christus an und sorgt nicht so für euren Leib, dass die Begierden erwachen.

Römer 13,11–14a

„Jetzt ist die Zeit, jetzt ist die Stunde, heute wird getan oder auch vertan, worauf es ankommt, wenn Er kommt" – so heißt es in einem bekannten geistlichen Lied. Die kirchliche Tradition setzt nicht umsonst vor die beiden großen Feste des Kirchenjahres, Ostern und Weihnachten, die qualitativ gefüllten Vorbereitungszeiten: die Fastenzeit und die Adventszeit. Zeiten, in denen wir uns der Verantwortung für unsere eigene Zeit bewusst werden könnten.

Es ist ohne Zweifel nicht leicht, gegen die Hektik unserer Tage und die Zeit-Diebe aller Art anzukämpfen. Auch dem Apostel Paulus war bewusst, dass man darum kämpfen muss, aus dem Trott und dem Stress des Alltags herauszukommen. Deshalb

Auch dem Apostel Paulus war bewusst, dass man darum kämpfen muss, aus dem Trott und dem Stress des Alltags herauszukommen

fordert er uns ganz kämpferisch auf: Legt an die Waffen des Lichts. Und vor allem: Fangt noch heute damit an!

Die Relativität der Zeit

Denn wer glaubt im Ernst, dass Advent sich ereignen kann, dass die Adventszeit eine qualitativ erfüllte Zeit sein kann, dass Weihnachten werden und Jesus wirklich bei uns ankommen kann, wenn wir unser Smartphone nehmen und neben tausend Terminen in der Terminkalender-App eine WhatsApp-Nachricht aufploppt: „Ankunft 24. Dezember gegen Mitternacht. Jesus"?

Bist du es, der da kommen soll?

Die Frage des Täufers

² Johannes hörte im Gefängnis von den Taten Christi. Da schickte er seine Jünger zu ihm

³ und ließ ihn fragen: Bist du der, der kommen soll, oder müssen wir auf einen andern warten?

⁴ Jesus antwortete ihnen: Geht und berichtet Johannes, was ihr hört und seht:

⁵ Blinde sehen wieder und Lahme gehen; Aussätzige werden rein und Taube hören; Tote stehen auf und den Armen wird das Evangelium verkündet.

⁶ Selig ist, wer an mir keinen Anstoß nimmt.

Matthäus 11,2–6

„Bist du es, der da kommen soll, oder müssen wir auf einen anderen warten?" Johannes der Täufer stellt die zentrale Frage des Christentums, die Frage nach dem Zentrum unseres Glaubens.

Johannes der Täufer stellt die Frage nach dem Zentrum unseres Glaubens, die Frage nach Leben und Tod

Er stellt die Frage nach Sinn und Unsinn des Lebens, nach Leben und Tod. Er stellt die Frage nach Heil und Unheil, nach Glück und Scheitern.

Damit ist er ganz auf unserer Seite. Denn auch wir stellen diese Frage, wenn auch oft eher unbewusst und vielleicht weniger direkt als der Täufer. Denn im Grunde haben alle Menschen bestimmte Erwartungen, Hoffnungen und Fragen im Hinblick auf den Sinn ihres Lebens. Und immer wieder treten Messiasse und andere Heilsgestalten auf, die uns scheinbar endgültige Antworten anbieten.

Und meistens beurteilen wir ihre Angebote danach, ob sie unsere eigenen Ansichten bestätigen oder nicht, ob die Botschaft des Verkündigers in unser eigenes Erwartungsschema passt oder nicht. Trifft das zu, wird der Verkündiger akzeptiert, bewundert und manchmal sogar verehrt. Läuft seine Botschaft aber auf eine Kritik unserer Vorstellungen hinaus, begegnen wir ihm nicht selten mit Angst und Ablehnung. Natürlich artikulieren sich die Erwartungen der Menschen nach der jeweiligen geschichtlichen Situation immer wieder neu, haben je nach Kontext und Umständen andere Wertmaßstäbe und andere Ziele.

Die Aussage Johannes' des Täufers

[19] Dies ist das Zeugnis des Johannes: Als die Juden von Jerusalem aus Priester und Leviten zu ihm sandten mit der Frage: Wer bist du?,

[20] bekannte er und leugnete nicht; er bekannte: Ich bin nicht der Messias.

[21] Sie fragten ihn: Was bist du dann? Bist du Elija? Und er sagte: Ich bin es nicht. Bist du der Prophet? Er antwortete: Nein.

[22] Da fragten sie ihn: Wer bist du? Wir müssen denen, die uns gesandt haben, Auskunft geben. Was sagst du über dich selbst?

[23] Er sagte: Ich bin die Stimme, die in der Wüste ruft: Ebnet den Weg für den Herrn!, wie der Prophet Jesaja gesagt hat.

[24] Unter den Abgesandten waren auch Pharisäer.

[25] Sie fragten Johannes: Warum taufst du dann, wenn du nicht der Messias bist, nicht Elija und nicht der Prophet?

[26] Er antwortete ihnen: Ich taufe mit Wasser. Mitten unter euch steht der, den ihr nicht kennt

[27] und der nach mir kommt; ich bin es nicht wert, ihm die Schuhe aufzuschnüren.

[28] Dies geschah in Betanien, auf der anderen Seite des Jordan, wo Johannes taufte.

Johannes 1, 19–28

Bist du es, der da kommen soll?

Das war auch zur Zeit Johannes' des Täufers nicht anders. Die religiösen Autoritäten in Israel zur damaligen Zeit waren beunruhigt. Ein neuer Prophet trat auf, dem die Massen zuströmten. Viele Menschen horchten auf: Eine neue religiöse Bewegung könnte entstehen und für die etablierte Religion gefährlich werden. Deshalb wollten die Priester und Schriftgelehrten es ganz genau wissen und schickten Boten zum Täufer an den Jordan. Dreimal ließen sie ihn fragen: Wer bist du? Im Hinterkopf hatten sie dabei ganz bestimmte Vorstellungen und Schablonen, in welche die Gestalt des Täufers eigentlich hätte passen müssen.

Dreimal aber enttäuschte Johannes sie. Er widerstand der Versuchung, sich selbst zum Star zu machen. Er lehnte es ab, im Mittelpunkt zu stehen. Er wollte für sich keinen Kult und keine Verehrung. Er stellte sich demütig selbst zurück. Er trat freiwillig in die zweite Reihe.

Diese außergewöhnliche und in der heutigen Zeit fast völlig vergessene Tugend der Demut des Täufers wird uns im ersten Kapitel des Johannes-Evangeliums am Beispiel des Täufers geradezu eingehämmert. Dreimal antwortet Johannes auf die immer drängender werdenden Anfragen der damaligen religiösen Autoritäten: Nein, ich bin nicht der Messias, auf den ihr so sehnsüchtig wartet! Nein, ich bin auch nicht Elija, der euch in den heiligen Schriften angekündigt wird! Nein, ich bin schon gar nicht der endzeitliche Prophet, mit dem eine neue Wirklichkeit anbricht! Johannes lässt sich eben in keine Schublade einsperren.

❋ *96* ❋

Bist du es, der da kommen soll?

Auf die letzte Frage, „Ja, wer bist du denn dann?" macht der Täufer seine dienende Funktion unmissverständlich klar: Ich bin nur der Bote des Messias, nicht der Messias selbst. Ich bin nur der Wegbereiter, nicht der Weg zum Leben selbst. Ich bin nur das Hinweisschild, nicht das Ziel selbst. Ich taufe nur mit Wasser, nicht aber mit Heiligem Geist. Ich bin nicht einmal wert, ihm die Schuhe aufzuschnüren. Ihm – auch wenn der Name hier noch nicht ausdrücklich genannt wird – ist doch völlig klar, wer gemeint ist: Jesus, der sich in der im Johannes-Evangelium unmittelbar anschließend beschriebenen Szene von Johannes im Jordan taufen lässt, wo eine Taube aus dem Himmel ihn als Sohn Gottes legitimiert.

Das Zeugnis des Täufers, die Rolle, die er sich selbst im Hinblick auf Jesus demütig zuschreibt, wird damit für uns als einzelne Christinnen und Christen, aber auch für die Kirche als Institution gerade im Advent zur entscheidenden Richtschnur: Christus selbst soll bei uns ankommen. Er soll bei uns seinen Advent, seinen Einzug halten. Dafür müssen wir ihm aber den Weg bereiten. Der

> *Christus selbst soll bei uns ankommen. Er soll bei uns seinen Advent, seinen Einzug halten*

Umkehrruf des Täufers, die Stimme des Rufers in der Wüste ist laut und eindeutig genug. „Macht hoch die Tür, die Tor macht weit, es kommt der Herr der Herrlichkeit" lautet die Umsetzung dieses Rufes in ein beliebtes Adventslied.

❋ 97 ❋

Bist du es, der da kommen soll?

Wenn Christen dieses Lied singen, bekennen sie, dass sie von Johannes dem Täufer lernen können: Nicht wir sind die Stars, nicht wir und unsere kleine Persönlichkeit stehen im Mittelpunkt, sondern Christus als Sohn des lebendigen Gottes, des Herrn der Herrlichkeit. Diese Selbstbescheidung fällt schwer. Sie ist aber zugleich eine Entlastung, denn wir müssen dann auch nicht mehr alles selber machen und alles selber leisten.

Die religiöse Hürde, die wir überspringen müssten, um uns selbst erlösen zu können, wäre ohnehin zu hoch.

Wir brauchen uns nicht mit eigener Kraft aus dem Sumpf unseres Lebens ziehen

Wir brauchen uns nicht mit eigener Kraft aus dem Sumpf unseres Lebens ziehen. Das hat ein anderer schon getan: Jesus Christus, der für uns Mensch geworden ist im Stall von Bethlehem, der für uns am Kreuz gestorben und von Gott auferweckt worden ist am dritten Tag, dessen Advent wir vier Wochen lang feiern, der aber eigentlich jeden Tag bei uns ankommen will.

Und dazu, sagt uns der Täufer, können wir selber durchaus etwas tun. In der Sprache des Johannes heißt das einfach, ihm den Weg bereiten. In der Sprache der Theologie lässt sich das auf die klassische Formel bringen: „Die Gnade setzt die Natur voraus und vollendet sie." Das heißt: Gott will auf uns zukommen, will bei uns landen, und wir haben es in der Hand, seinem Heiligen Geist einen entsprechenden Landeplatz zu bereiten. Das und

❋ *98* ❋

nichts anderes ist Advent, Vorbereitung auf Weihnachten, auf die Ankunft des Gottessohnes in dieser Welt.

Die Botschaft des Täufers hat aber auch Konsequenzen für die Kirche, die sich derzeit in einer schweren Krise befindet, wie die steigenden Austritts- zahlen und der sinkende Kirchenbe- such drastisch vor Augen führen. Hier stünde der Kirche die Demut des Täu- fers gut an. Denn oft genug hat man, insbesondere im Katholizismus, den Eindruck, die Kirche sei wichtiger als Christus selbst. Man hat den Eindruck, die Kirche feiere sich lieber selbst und stelle sich selbst auf den Altar. Man hat den Ein- druck, Strukturfragen, Eitelkeiten kirchlicher Amtsträger, möglichst gelungene Inszenierungen kirchlicher Events stünden im Vordergrund.

Die Botschaft des Täufers hat aber auch Konsequenzen für die Kirche

Dabei ist die Kirche nicht Selbstzweck, sondern nur de- mütige Dienerin des Wortes Gottes. Die Kirche wird ver- gehen, das Reich Gottes aber bleibt bestehen. Kirche hat einen Anfang und ein Ende, Christus aber ist das Alpha und Omega ohne Anfang und ohne Ende. Kirche ist nicht das Ziel, sondern nur ein Wegweiser zu Christus. Wir be- ten Jesus Christus an und nicht die Kirche. Wo die Kir- che in ihrer Verkündigung, ihrer Liturgie, ihrer Caritas und ihrem gesellschaftlichen und politischen Handeln nicht mehr durchsichtig ist auf Christus, dem wir als Christen nicht würdig sind, die Schuhriemen zu lösen, macht sie sich schuldig. Wo die Kirche den Blick auf den Herrn

Bist du es, der da kommen soll?

der Schöpfung gar verstellt, sündigt sie und verfehlt ihren Zweck.

Aber auch innerkirchlich, im Umgang der Christinnen und Christen miteinander, insbesondere auch im Umgang der Hierarchie mit den so genannten einfachen Gläubigen, muss die Demut des Täufers gelten, der sich selbst zum Hinweisschild auf Christus den Herrn erniedrigt hat. Obwohl er selbst in den Augen seiner Zeitgenossen ein Star war, hat er jeden Starkult wegen der alles entscheidenden Sache, wegen des Größeren, wegen Christus, dem Herrn, von sich gewiesen.

Unser Blick muss also stets weg von uns und von der Kirche auf Christus gerichtet sein. Denn er will uns nahe kommen. Und das geschieht weniger in Sätzen, die man zu glauben hat, sondern – wie das Zweite Vatikanische Konzil in seiner Offenbarungskonstitution herausgearbeitet hat – in der Erfahrung Jesu Christi selbst. Offenbarung wird hier nicht mehr als Instruktion verstanden, als Belehrung durch Sätze, sondern als Selbstmitteilung Gottes in Jesus Christus. Wir glauben oder besser vertrauen letztlich eben einer lebendigen Person und verlassen uns nicht, wenn es ums Ganze geht, auf gesprochene oder geschriebene Sätze.

Unser Blick muss also stets weg von uns und von der Kirche auf Christus gerichtet sein

Und Jesus selbst hat den Kern seiner Person genau mit den messianischen Formulierungen aus dem Buch des

Bist du es, der da kommen soll?

Propheten Jesaja mit seinem Leben und Handeln auf den Punkt gebracht: den Armen eine frohe Botschaft bringen, alle Menschen heilen, die krank sind und deren Herz zerbrochen ist, Gefangene befreien, Fesseln aller Art lösen und ein Gnadenjahr des Herrn ausrufen. Das ist der Kern dessen, worauf wir vertrauen, wenn wir im Credo beten: Ich glaube an Jesus Christus.

Wo das geschieht, da ereignet sich Advent, Ankunft des Herrn. Wo wir als Christinnen und Christen das praktizieren, kommt Christus bei uns an. Wo die Kirche dies in den Mittelpunkt ihres Tuns stellt, wird sie durchsichtig auf Christus, bereitet sie wirklich dem Herrn den Weg. Denn wir Christen müssen auf keinen anderen warten. Er, Christus, ist schon vor zweitausend Jahren im Stall von Bethlehem zu uns Menschen gekommen. Und er ist immer im Kommen, in dieser Adventszeit und an jedem anderen Tag in unserem Leben.

Christus ist schon vor zweitausend Jahren im Stall von Bethlehem zu uns Menschen gekommen

❄ *101* ❄

Bist du es, der da kommen soll?

Venimus adorare Eum

1. Warum verließen Könige ihre Paläste?
   Warum verfolgten Könige einen wandernden Stern?
   Warum beugten Könige vor einem Kind ihre Knie?
   Als man sie fragte, sagten sie:
   Venimus adorare Eum.
   Venimus adorare Eum, Immanuel.

2. Warum verließen Hirten nachts ihre Herden?
   Warum hörten Hirten den Engelsgesang?
   Warum beugten Hirten vor einem Kind ihre Knie?
   Als man sie fragte, sagten sie:
   O! Immanuel, Gott ist mit uns.
   O! Immanuel.

3. Darum sind wir hier, um Ihn anzubeten.
   Seine Kinder sind wir, Gesalbte und Propheten.
   Darum sind wir hier, um Ihm zu begegnen
   in Brot und Wein und in dir und mir,
   und wenn man euch fragt, dann sagt:
   Venimus adorare Eum.
   Venimus adorare Eum, Immanuel.

Gregor Linßen

Gottesfreunde

Viele seien es, die dich grüßen,
dein Vertrauter aber sei nur einer aus tausend.
Willst du einen Freund gewinnen,
gewinne ihn durch Erprobung.
Schenk ihm nicht zu schnell dein Vertrauen.
Mancher ist Freund je nach der Zeit,
am Tag der Not hält er nicht stand.
Mancher ist Freund als Gast am Tisch,
am Tag des Unheils ist er nicht zu finden.
In deinem Glück ist er eins mit dir,
in deinem Unglück trennt er sich von dir.
Von deinen Feinden halte dich fern,
vor deinen Freunden sei auf der Hut.
Ein treuer Freund ist wie ein festes Zelt.
Wer einen solchen findet, hat einen Schatz gefunden.
Für einen treuen Freund gibt es keinen Preis,
nichts wiegt seinen Preis auf.

Gottesfreunde

Diese Formulierungen stammen nicht etwa von Cicero, Seneca oder irgendeinem anderen der klassischen Autoren, die sich in einem philosophischen Traktat über die Freundschaft unter der Überschrift „De amicitia" durchaus so oder so ähnlich geäußert haben könnten. Sie stammen vielmehr aus der Heiligen Schrift, genauer aus dem Alten Testament, noch genauer aus dem sechsten Kapitel des Buches Jesus Sirach. Der Verfasser dieses Werkes war ein gebildeter jüdischer Weisheitslehrer und Schriftgelehrter, der wahrscheinlich im ersten Viertel des zweiten Jahrhunderts vor Christus in Jerusalem gelebt hat. Sein Lebensumfeld war städtisch geprägt und bei aller Treue zur klassischen jüdischen Religion maßgeblich von der Kultur des Hellenismus und seiner Philosophie beeinflusst.

Anders als in archaischen und agrarisch geprägten Gesellschaften reichte es in dieser weit vernetzten Stadtkultur nicht mehr, nur engste Blutsverwandte als Freunde zu haben. Man konnte sich nicht allein auf Verwandtschaftsbeziehungen verlassen, sondern war zusehends auf Gleichgesinnte außerhalb der Familie angewiesen.

Das gilt auch für uns heute: Wir brauchen Freunde außerhalb der Familie. Und auch heute sollten die Bedingungen des Jesus Sirach auf einen Freund noch zutreffen. *Wahre Freundschaft bewährt sich in den Zeiten der Not* Aber die Messlatte liegt hoch: Nur einer unter tausend verdient den Titel Freund. Erst nach langer Prüfung verdient er unser Vertrauen. Und wahre Freundschaft be-

❋ 104 ❋

währt sich in den Zeiten der Not, nicht bei Urlaubsspaß und Festen, auch nicht bei festlichen Advents- und Weihnachtsfeiern.

Als Gast am reich gedeckten Tisch kann jeder gut Freund sein. Ein wirklicher Freund aber ist ein Schatz, nichts wiegt seinen Wert auf. Sind wir deshalb mit unserer Anrede „lieber Freund, liebe Freundin" manchmal nicht zu großzügig? Sind die Kriterien von Freundschaft, wie sie die Heilige Schrift aufstellt, wirklich erfüllt? Wie ernst meinen wir es, wenn wir einen Menschen unseren Freund oder unsere Freundin nennen? Ist das nur eine leere Formel? Oder steckt wirklich mehr dahinter?

Als Gast am reich gedeckten Tisch kann jeder gut Freund sein

Das sind die Fragen, die wir uns in diesen Tagen vor Weihnachten stellen. Jeder und jede von uns ist aufgefordert zur Erforschung des Gewissens. Denn Freundschaft ist ein sehr hohes Gut, Leichtfertigkeit und Oberflächlichkeit sind hier – wenn wir Jesus Sirach folgen – fehl am Platz. Wahre Freundschaft verdient die Prüfung einer inneren Qualität.

Der Begriff „Freundschaft" vereint – etymologisch betrachtet – zwei Komponenten in sich, die miteinander verbunden werden müssen. Freund kommt althochdeutsch einerseits von *frija*, frei, und andererseits von *frijon*, lieben. Freundschaft meint dann freie und unbedingte Zuwendung und liebevolle Annahme eines an-

Gottesfreunde

deren Menschen. Und tatsächlich: Nur auf der Basis so verstandener Freundschaft kann menschliches Dasein jenseits der Verwandtschaft die Orientierung und Stabilität erfahren, die es braucht, um geglücktes Zusammenleben in einer freien Gesellschaft zu ermöglichen.

Dass dieser Anspruch an einen wahren Freund, eine wahre Freundin leicht zur Überforderung führen kann, liegt auf der Hand. Jesus Sirach fährt deshalb fort: „Das Leben ist geborgen bei einem treuen Freund, ihn findet, wer Gott fürchtet." Hier wird, wen überrascht das bei einem Text der Heiligen Schrift, ein Zusammenhang von Gottesfurcht und menschlicher Freundschaft hergestellt. Die Voraussetzung für gelungene menschliche, freundschaftliche Bindung ist die Rückbindung an und die Unterordnung unter Gott.

Für die alttestamentliche Weisheitsliteratur ist aber eine wirkliche Freundschaft zwischen Gott und dem Menschen unmöglich. Gott bleibt stets der Herr, den man fürchten und dem man folgen muss. Zwar heißt es im Buch Exodus, Gott habe mit Mose von Angesicht zu Angesicht wie ein Mann mit seinem Freund geredet (Exodus 33,11). Aber als Mose dann Forderungen stellt und Gottes Pläne erfahren will, wird diese Bitte abgeschmettert (Exodus 33,12–23). Zwar wird auch Abraham mehrfach als Freund Gottes bezeichnet (Jesaja 41,8), aber Gott niemals der Freund Abrahams genannt. Freundschaft, bei der Freiheit und Liebe als Wurzeln der Freundschaft miteinander im Lot sind, hat aber die gleiche Augenhöhe der Freunde zur Voraussetzung. Dies war im Alten Testament nicht denkbar.

Durch Weihnachten hat sich das grundsätzlich geändert. Durch die Menschwerdung Gottes in Jesus Christus begibt sich Gott nämlich selbst auf Augenhöhe mit uns Menschen. Der im Kind im Stall von Bethlehem gegenwärtige Gott schafft so die Voraussetzung für Freundschaft zwischen ihm und den Menschen.

Der im Kind im Stall von Bethlehem gegenwärtige Gott schafft die Voraussetzung für Freundschaft zwischen ihm und den Menschen

Denn Freundschaft braucht als wesentliche Voraussetzung eine in Freiheit eingegangene Beziehung. Freundschaft braucht ein Du, Vertrauen ein Gegenüber, Beziehung ein Gesicht. Der Ewige hat – das ist die Botschaft des Weihnachtsfestes – in dem Menschen Jesus von Nazareth ein Gesicht angenommen. Er ist nicht mehr der Ferne, den man fürchten muss, sondern der Nahe, dem man als Freund und Freundin verbunden sein kann.

Mehr noch: Er liefert sich unserer Freundschaft aus. Als kleines hilfloses Kind braucht Gott zuerst unsere Freundschaft in Freiheit und Liebe. „Er war Gott gleich, hielt aber nicht daran fest, er zu sein, sondern er entäußerte sich und wurde wie ein Sklave und den Menschen gleich" – so schreibt der Apostel Paulus im berühm-

Gottesfreunde

ten Hymnus seines Briefes an die Philipper. Gott wird Mensch, damit der Mensch zu Gott erhoben wird. An Weihnachten vollzieht sich in der Tat ein „wunderbarer Tausch" – wie es in der Präfation zum Fest heißt, oder „ein fröhlicher Wechsel" – wie es Martin Luther formuliert hat.

Was hatte Jesus Sirach geschrieben? Wahre Freundschaft bewähre sich erst in den Stunden der Not, des Hungers, der Kälte, des Schutzlos-den-Unbilden-der-Witterung-ausgeliefert-Seins. Ein guter Freund sei wie ein festes Zelt, kein zugiger Stall mit wackeliger Krippe. Es ist an uns, unserem Freund Gott in dem Kind von Bethlehem eine feste Wohnung zu bereiten.

Richtige Freunde leben auf Augenhöhe, nicht im Verhältnis der Über- und Unterordnung. Gott beugt sich im Kind in der Krippe freundschaftlich zu uns herab, einfache Hirten kommen von ihren Feldern und gelehrte Weise aus dem Morgenland, um sich hinunter zu beugen zu dem göttlichen Kind. Freundschaft zwischen uns Menschen und Freundschaft zwischen Gott und den Menschen, das sind die beiden Seiten der religionsgeschichtlich revolutionären Botschaft von Weihnachten, weil Gott uns Menschen so sehr liebt, dass er einer von uns wird und uns zugleich die Freiheit lässt, ihn zu lieben oder nicht, uns für oder gegen eine Freundschaft mit Gott zu entscheiden.

Gott beugt sich im Kind in der Krippe freundschaftlich zu uns herab

❊ 108 ❊

In den Abschiedsreden des Johannes-Evangeliums bringt Jesus dieses neue Verständnis von Freundschaft seinen Jüngern noch einmal eindrücklich nahe: „Liebt einander, so wie ich euch geliebt habe. Es gibt keine größere Liebe, als wenn einer sein Leben für seine Freunde hingibt. Ihr seid meine Freunde, wenn ihr tut, was ich euch auftrage. Ich nenne euch nicht mehr Knechte; denn der Knecht weiß nicht, was sein Herr tut. Vielmehr habe ich euch Freunde genannt; denn ich habe euch alles mitgeteilt, was ich von meinem Vater gehört habe." (Johannes 15,12–15)

Ich habe euch Freunde genannt

[12] Das ist mein Gebot: Liebt einander, so wie ich euch geliebt habe.

[13] Es gibt keine größere Liebe, als wenn einer sein Leben für seine Freunde hingibt.

[14] Ihr seid meine Freunde, wenn ihr tut, was ich euch auftrage.

[15] Ich nenne euch nicht mehr Knechte; denn der Knecht weiß nicht, was sein Herr tut. Vielmehr habe ich euch Freunde genannt; denn ich habe euch alles mitgeteilt, was ich von meinem Vater gehört habe.

Johannes 15,12–15

Dies ist kein frommes Gerede. Die Situation, in der Jesus „Freund Petrus" und „Freund Johannes" sagt, ist ernst, todernst. Jesus weiß selbst, dass seine Kreuzigung unmittelbar bevorsteht. In diesem Kontext steht der Satz, dass es keine größere Liebe als den Einsatz des ganzen Lebens – und wenn es das Leben selbst kostet – für seine Freunde gibt.

Die Menschwerdung Gottes in Jesus Christus, die wir an Weihnachten feiern, bietet die große Chance zur Veränderung des Verhältnisses der Menschen untereinander und der Beziehung zu Gott. Durch Weihnachten wird Freundschaft zu einer entscheidenden Kategorie: „Freund Mensch" und „Freund Gott" sind jetzt nicht nur die adäquaten Anreden, sondern daraus ergeben sich zwingend auch die entsprechenden Handlungsmaximen. Dann wird das Engelswort des Weihnachts-Evangeliums vom „Frieden auf Erden" bei den „Menschen seiner Gnade" (Lukas 2,14) vielleicht wahr.

Die Menschwerdung Gottes in Jesus Christus bietet die große Chance zur Veränderung

Vor diesem Hintergrund wird einem die Auszeichnung, Freund genannt zu werden, erst wieder richtig bewusst. Ich werde jedenfalls die Anrede als „Freund" im Licht der biblischen Botschaft ernster nehmen als bisher und möglichst vermeiden, sie nur so dahinzusagen. Ich hoffe, dass für alle von uns gilt: „Ein treuer Freund ist wie ein festes Zelt, wer einen solchen findet, der hat einen Schatz gefunden. Für einen treuen Freund gibt es keinen Preis, nichts wiegt seinen Wert auf."

Gottesfreunde

Wir können treue Freunde sein, weil wir gehalten sind in einer größeren, unverlierbaren Freundschaft, die in der Weihnachtsnacht offenbar geworden ist. Denn der Gott, an den Christinnen und Christen glauben, nennt uns nicht mehr Knechte, sondern er hat uns durch seinen Mensch gewordenen Sohn Freunde genannt.

Und Gottesfreund ist wirklich eine schöne, eine weihnachtsgemäße Anrede.

Ubi caritas et amor

Musik: Jacques Berthier

Das eine Wort und die vielen Worte

Worte – sie bestimmen unser Leben, gesprochen, geschrieben, gedruckt.
Worte – sind überall, laut oder leise, geschrien oder geflüstert.
Worte – trösten und bedrohen, informieren und belügen, vermitteln Freude und Traurigkeit.
Worte sind wichtig. Wir brauchen sie nicht nur zur Kommunikation; sie sind lebensnotwendig, um uns in unserer Welt zurechtzufinden.

Aber Worte sind oft genug nicht eindeutig, sie können trügen und betrügen. Und sie sind nicht selten zu viel. Von allen Seiten strömen sie auf uns ein. Manchmal wünschen wir uns dann, ohne Worte auszukommen, uns auf andere Weisen des Austausches beschränken zu können. Mit Gesten und Zeichen, mit Mimik und Au-

Das eine Wort und die vielen Worte

gen, mit Händen und Füßen zu „reden", uns mitzuteilen – eben nonverbal, symbolisch zu kommunizieren. Und häufig erfahren wir diese Art des mitmenschlichen Austausches als echter und unmittelbarer als das ganze Geschwätz und die hohlen Phrasen vieler gesprochener Worte.

Gerade in Krisensituationen, etwa in der Stunde der Angst und Trauer um einen geliebten Menschen, hilft eine Umarmung oft mehr als kluge Worte, in der Todesstunde das Halten der Hände mehr als das Geplapper von Formeln, im Moment der Freude ein Tanz mehr als eine langweilige Festansprache, im Augenblick der Liebe ein Kuss mehr als ein Treueschwur.

Vielleicht gründet darin auch der besondere Zauber von Weihnachten. Die Advents- und Weihnachtszeit ist voller Symbole: Kerzen, Adventskränze, Glaskugeln, Tannenbäume. Advent und Weihnachten

Weihnachten hat die Tendenz zur Flucht in eine Idylle

sprechen alle Sinne an: Tannenduft und Räuchermännchen, Nussmakronen, Zimtsterne und Christstollen; der heilige Schauer von „Stille Nacht, Heilige Nacht", das erhebende „Weihnachtsoratorium" von Johann Sebastian Bach ... Weihnachten scheint viel mit Gefühl, mit Empfindungen, mit affektiver Ansprache zu tun zu haben.

❈ 114 ❈

Das eine Wort und die vielen Worte

Es hat aber auch die Tendenz zur Flucht in eine Idylle. Weihnachten heißt für viele: einmal aus der rationalen, ver*wort*eten Wirklichkeit auszusteigen in eine heile symbolische Gegenwelt.

Schon deshalb kommen wir ohne Worte nicht aus, weder im Leben noch im Glauben. Ohne worthafte Kommunikation funktioniert unser Zusammenleben nur schwer. Erfahrungen und nonverbale Kommunikation sind wesentlich, aber sie brauchen das Wort als Ergänzung. Und macht es den Menschen nicht gerade aus, dass er eine Erfahrung ins Wort fassen, auf den Begriff bringen kann? Nur dadurch wird eine solche Erfahrung allgemein mitteilbar und für andere verständlich und nachvollziehbar.

Nur weil wir die Gabe der Sprache haben, können wir auf die Erfahrungen vieler Generationen vor uns zurückgreifen, sie verstehen und uns zunutze machen. Je präziser wir uns ausdrücken, desto klarer wird den anderen, was wir wollen. Wie wichtig die richtigen Worte sind, erfahren wir nicht nur im täglichen Umgang, im Büro, in der Schule und in der Familie. Ein gutes Wort für den Ehepartner, die Kinder oder die Mitarbeiter kann viel bewegen. Ein böses Wort kann viel kaputt machen – über den Tag hinaus.

Logos

Das Wort ist mein Schwert
und das Wort beschwert mich

Das Wort ist mein Schild
und das Wort schilt mich

Das Wort ist fest
und das Wort ist lose

Das Wort ist mein Fest
und das Wort ist mein Los

Erich Fried

Und gerade im Bereich des Glaubens brauchen wir sie – die Worte. Sie stehen für Logik und Plausibilität. Zugegeben, auch hier werden sie uns oft zu viel. Manchmal „bringen" die Stimmung des Kirchenraums, der Kirchenschmuck, die Tannenbäume, der Weihrauch oder ein schönes Lied uns religiös mehr als ein Wort aus der Heiligen Schrift oder eine noch so gute Predigt. Manchmal reicht es uns, Eucharistie zu feiern, miteinander Mahl zu halten und so mit Gott und untereinander im wahrsten Sinn des Wortes zu „kommunizieren". Und vielleicht sind unsere Gottesdienste auch zu verwortet, vielleicht bestehen sie aus zu viel Geschwätz und zu wenig gläubiger Erfahrung.

Gerade im Bereich des Glaubens brauchen wir die Worte

Aber trotzdem kommen wir ohne das Wort und die Worte nicht aus. Die Erfahrungen, die Jesu Jünger mit ihrem Herrn machten, können wir unmittelbar nicht mehr machen. Wir können weder bei seiner Taufe im Jordan durch Johannes, noch bei der Brotvermehrung, noch bei seiner Kreuzigung, auch nicht bei seiner Geburt unmittelbar dabei sein. Wir sind angewiesen auf die Erzählungen des Neuen Testaments, welche die Erfahrungen der Apostel und Augenzeugen ins Wort fassen. Wir kommen an den Ursprung unseres Glaubens also nur mittelbar, vermittelt durch das Verkündigungswort der Jünger, heran.

> *Wir kommen an den Ursprung unseres Glaubens nur durch das Verkündigungswort der Jünger heran*

Glaube kommt also wirklich vom Hören. Es geht, wie es im Ersten Petrusbrief treffend heißt, darum, stets bereit zu sein, „jedem Rede und Antwort zu stehen, der uns nach dem Logos unserer Hoffnung fragt" (1 Petrus 3,15). Logos steht im griechischen Bibeltext und meint hier wörtlich übersetzt: „das Wort". Es bedeutet aber mehr noch: „Grund" oder „logisch begründet". Um den Logos der Hoffnung geht es, nicht um irgendein irrationales Gefühl oder eine Stimmung, und sei sie noch so feierlich. Um den belastbaren Grund, die Plausibilität unserer Hoffnung, die Logik des Glaubens geht es, die ins Wort gebracht werden muss, um allgemein kommunizierbar, nachprüfbar und letztlich nachvollziehbar zu sein.

Vielleicht erzählt uns Johannes deshalb in seinem Prolog, der Vorrede zu seinem Evangelium, keine schöne Weihnachtsgeschichte, berichtet nicht wie Lukas von den Hirten, die auf den Feldern ihre Schafe hüten, und wie Matthäus von den Königen, die zur Krippe im Stall von Bethlehem eilen. Am Anfang des Johannes-Evangeliums kein Jesuskind, keine Gottesmutter, kein heiliger Josef, und schon gar kein Ochs oder Esel. „Im Anfang war das Wort (der Logos), und das Wort war bei Gott, und das Wort war Gott", so beginnt der Prolog des Johannes-Evangeliums; und er gipfelt in dem Satz „Und das Wort ist Fleisch geworden und hat unter uns gewohnt".

Der Prolog

¹ Im Anfang war das Wort, und das Wort war bei Gott, und das Wort war Gott.

² Im Anfang war es bei Gott.

³ Alles ist durch das Wort geworden und ohne das Wort wurde nichts, was geworden ist.

⁴ In ihm war das Leben und das Leben war das Licht der Menschen.

⁵ Und das Licht leuchtet in der Finsternis und die Finsternis hat es nicht erfasst.

⁶ Es trat ein Mensch auf, der von Gott gesandt war; sein Name war Johannes.

Das eine Wort und die vielen Worte

⁷ Er kam als Zeuge, um Zeugnis abzulegen für das Licht, damit alle durch ihn zum Glauben kommen.

⁸ Er war nicht selbst das Licht, er sollte nur Zeugnis ablegen für das Licht.

⁹ Das wahre Licht, das jeden Menschen erleuchtet, kam in die Welt.

¹⁰ Er war in der Welt und die Welt ist durch ihn geworden, aber die Welt erkannte ihn nicht.

¹¹ Er kam in sein Eigentum, aber die Seinen nahmen ihn nicht auf.

¹² Allen aber, die ihn aufnahmen, gab er Macht, Kinder Gottes zu werden, allen, die an seinen Namen glauben,

¹³ die nicht aus dem Blut, nicht aus dem Willen des Fleisches, nicht aus dem Willen des Mannes, sondern aus Gott geboren sind.

¹⁴ Und das Wort ist Fleisch geworden und hat unter uns gewohnt und wir haben seine Herrlichkeit gesehen, die Herrlichkeit des einzigen Sohnes vom Vater, voll Gnade und Wahrheit.

¹⁵ Johannes legte Zeugnis für ihn ab und rief: Dieser war es, über den ich gesagt habe: Er, der nach mir kommt, ist mir voraus, weil er vor mir war.

¹⁶ Aus seiner Fülle haben wir alle empfangen, Gnade über Gnade.

¹⁷ Denn das Gesetz wurde durch Mose gegeben, die Gnade und die Wahrheit kamen durch Jesus Christus.

❋ *119* ❋

Das eine Wort und die vielen Worte

¹⁸ Niemand hat Gott je gesehen. Der Einzige, der Gott ist und am Herzen des Vaters ruht, er hat Kunde gebracht.

Johannes 1,1–18

Dieses Wort, dieser Logos gibt Antwort auf die entscheidenden Fragen, steht für die Logik unserer Hoffnung. Denn worum geht es bei unserem Glauben? Worauf beruht er? Macht Gott auch viele Worte, dekretiert er uns Sätze, die wir auswendig zu lernen und zu befolgen haben? Kommt er uns nahe in den Worten des Katechismus?

Das Johannes-Evangelium gibt uns darauf eine eindeutige Antwort: Gott macht nicht viele Worte, er spricht sich ganz aus in einem einzigen Wort, in seinem ewigen Sohn, der Mensch geworden ist in Maria der Jungfrau. Wir Menschen brauchen viele Worte, um uns mitzuteilen

Gott hat sich in Jesus Christus ganz mitgeteilt. Mehr von Gott kann uns nicht mehr nahe kommen

und schaffen es doch nie ganz, uns selbst „rüberzubringen". Gott bringt sich ganz rüber, ist ganz da, in seinem Wort, das Fleisch angenommen hat in Jesus von Nazareth. Offenbarung heißt dann: Gott hat sich in Jesus Christus ganz mitgeteilt. Mehr von Gott kann uns nicht mehr nahe kommen.

❈ 120 ❈

Das eine Wort und die vielen Worte

Wer Jesus sieht, sieht Gott; wer seinem Wort folgt, folgt Gott. Von diesem einen Wort her, in dem Gott sich ganz ausgesprochen hat, bekommen alle Worte des Glaubens und Lebens einen eindeutigen Sinn. Dieses Wort ist der Code, mit dem wir alles andere richtig dechiffrieren und entziffern können. Dieses eine Wort verhallt nicht wie andere Worte, es hat keinen Anfang und kein Ende. Es hat ewiges Leben aus sich und ist ewige Wahrheit.

Glauben heißt dann Antwort geben. Nicht mit vielen Worten, sondern mit einem Ant-Wort: Ja. Ja sagen wie der Skeptiker Thomas am Ende des Johannes-Evangeliums: Mein Herr und mein Gott (Johannes 20,28).

„Allen aber, die ihn aufnahmen, gab er Macht, Kinder Gottes zu werden." Der Logos verlangt eine *logike latreia*, eine vernunftgemäße Gottesverehrung. Weihnachten, johanneisch betrachtet, gibt uns die Chance zur *Apo-logia*, zur logischen Recht-fertigung unseres Glaubens in gutem Sinn: uns die Plausibilität des christlichen Glaubens wieder neu vor Augen zu führen, mit guten Argumenten

Weihnachten gibt uns die Chance zur logischen Rechtfertigung unseres Glaubens

für ihn einzutreten, seine Logik neu zu erkennen. Denn gerade an Weihnachten geht es nicht um Gefühlsduselei, Kinderkram oder Kinderglauben, sondern um Sein oder Nichtsein, um den Grund, auf den wir unser Leben als mündige Christinnen und Christen bauen können oder eben nicht. Es geht um plausible Begründungen

❋ 121 ❋

Das eine Wort und die vielen Worte

des Glaubens. Denn „im Anfang war das Wort". Und der Logos, das göttliche weihnachtliche Wort, der Christus, steht auch am Ende, am Ziel unserer Hoffnung, die hoffentlich nicht grundlos ist.

Ein Kind ist uns geboren

Es ist schon seltsam. Von Weihnachten geht ein besonderer Zauber aus. Wir fühlen uns auf eine wunderbare Weise ergriffen und angerührt. Wenn wir das „Stille Nacht, Heilige Nacht" singen, läuft vielen ein heiliger Schauer über den Rücken. Was ist eigentlich verantwortlich für diese Stimmung? Sind es die Tannenbäume und brennenden Kerzen? Der Glockenklang, die schönen alten Lieder? Die Bescherung? Der Festtagsbraten?

Von Weihnachten geht ein besonderer Zauber aus

Das spielt sicher irgendwie alles eine Rolle. Aber das Entscheidende ist etwas anderes, viel Menschlicheres. Der Prophet Jesaja bringt es auf den Punkt, wenn er sagt: „Denn uns ist ein Kind geboren, ein Sohn ist uns geschenkt. Die Herrschaft liegt auf seiner Schulter."

Ein Kind ist uns geboren

Ein kleines hilfloses Kind soll der Grund unserer Freude, der Grund des Zaubers der Heiligen Nacht sein? Ein Kind soll das große Licht sein, das die Dunkelheiten unseres Lebens vertreibt und gewaltige Freude und lauten Jubel auslöst? Ein kleines Menschlein soll mit Macht das Lebensjoch auf unserem Nacken und die Stöcke der zahllosen Sklaventreiber vieler Menschen auch unserer Tage zerbrechen, soll unsere Existenz verwandeln?

Typisch religiöses Vertröstungsgeschwätz und das auch noch schön poetisch-prophetisch verpackt! Unglaublich! Ein kleines Kind, das ohne fremde Hilfe gar nicht leben kann, kann die Herrschaft nicht übernehmen und uns schon gar nicht regieren. Gegen diese Vorstellung sträubt sich alles in uns. Nein, so kind-isch wollen wir nicht sein! Wir wollen uns lieber selbst regieren. Männer in Nadelstreifen, dröhnende Stiefel und ein Feldherrenmantel, das passt schon besser zu unserer Vorstellung von Herrschaft.

Doch vielleicht ist das nur auf den ersten Blick so. Schauen wir genauer hin. Entdecken wir nicht ganz unbekannte Seiten in uns, wenn wir ein kleines Kind in seinem Bettchen liegen sehen?

Wo ein Kind geboren wird, da werden Hoffnungen mitgeboren. Von jeder Wiege strahlt der Glanz eines neuen, noch unberührten Lebens aus. Hier begegnen wir der Unschuld des Anfangs, der Atmosphäre einer heilen Welt, dem unendlichen Potenzial ungeahnter Möglichkeiten. Darum werden an der Wiege eines Kindes nicht selten verschüttete Hoffnungen unseres eigenen Lebens wieder wach. Hoffnungen, die sich in Erwartungen und Wünschen äußern, in Träumen von unseren eigenen vertanen, ungelebten Möglichkeiten:

Diesem Kind soll es besser gehen als uns.
Es soll authentischer leben als wir.
Sein Leben soll aufrechter und
ehrlicher sein als unser eigenes.
Ihm soll geschenkt werden,
was uns nicht vergönnt war:
Liebe, Frieden, Gerechtigkeit, Glück und Freude.
Ihm soll gelingen,
was wir vergeblich ersehnten …

Dazu kommen beim Anblick eines Kindes zahlreiche Erinnerungen auf: Wie schön war es doch in der Kinderzeit! Weißt du noch damals? Und das vor allem in der Weihnachtszeit: Wie konnten wir uns als Kinder unvoreingenommen freuen über die kleinsten Geschenke, wie einzigartig war die Spannung vor der Bescherung! Davon träumen wir manchmal auch noch heute.

Doch wir spüren schnell, wie unsere Träume zu hoch greifen, wie die Hoffnungen zerrinnen: Auch dieses Kind wird die Unschuld und die unverstellten Möglichkeiten des Anfangs nicht bewahren können – und dies nicht aus eigener Schuld. Nein, wir sind die Schuldigen. Wir werden auch dieses Kind wie jedes Kind hineinziehen in die Kreise unseres Lebens. Wir werden es lehren, im Schema

Freund und Feind zu denken. Wir werden es anleiten, den Wert eines Menschen nach Ansehen, Leistung und Reichtum zu bestimmen. Wir werden ihm die Träume der Kinderzeit austreiben und es an der harten Wirklichkeit orientieren. Und – wir sind selbst traurig über dieses Diktat, diesen Teufelskreis, aus dem weder wir noch unsere Kinder je herauskommen.

In dieser scheinbar ausweglosen Situation suchen wir – bewusst oder unbewusst – nach einem Kind, das unsere Träume und Hoffnungen von einem Leben mit all den unverstellten Möglichkeiten erfüllt, nach einem Kind, das die Unschuld des Anfangs bewahrt, nach einem Kind, das das Bild eines neuen und heilen Menschseins wach hält.

Wir suchen nach einem Kind, das unsere Träume und Hoffnungen von einem Leben mit all den unverstellten Möglichkeiten erfüllt

Die Botschaft der Heiligen Nacht, ihr wunderbarer Zauber, hat genau darin ihren Ursprung. Gott gibt uns auf seine unverwechselbare, ganz menschliche Weise auf diese Sehnsucht eine Antwort. Sie liegt nicht in einer gewaltigen Gottesoffenbarung in Blitz und Donner wie am Berg Sinai; nicht in einem Dornbusch, der brennt und doch nicht verbrennt wie bei Moses; nicht in einer Wolken- und Feuersäule, die bei Tag und Nacht vor uns herzieht, wie bei Israels Auszug aus Ägypten. Nein, Gott antwortet *humano modo*: Wir brauchen dieses Kind nicht erst in einer fernen Zukunft zu erwarten. Gott

✳ 126 ✳

Ein Kind ist uns geboren

selbst kommt – heute, hier und jetzt – als Kind. Gott gibt uns in diesem Kind mitten in der Zeit die Chance eines neuen Anfangs. Gott selbst wird Kind, wird Mensch und fordert uns auf, es ihm gleichzutun: Mach es wie Gott und werde Mensch.

Und vor allem: Mitten in einer Zeit, in der politische, gesellschaftliche und wirtschaftliche Zwänge herrschen, wo Macht und Gewalt unser Leben mehr und mehr bestimmen, will der Gott, an den Christinnen und Christen glauben, die Herrschaft übernehmen, aber nicht als mächtiger König, sondern als kleines hilfloses Kind.

Denn Gott will uns nicht zwingen zum Glauben, nicht zwingen zu einem neuen Leben. Im Gegenteil: Das göttliche Kind braucht unsere Hilfe. Gott liefert damit sich und seine Sache ganz uns aus. Ohne unsere Zuwendung ist er am Ende. Gott kommt als Kind, weil ihm alles an unserer freien ungezwungenen Zustimmung liegt.

Das göttliche Kind braucht unsere Hilfe. Gott liefert damit sich und seine Sache ganz uns aus

Gott will uns die verlorenen Möglichkeiten des Anfangs wieder zurückgeben. Nicht das ist wichtig im Leben, was wir vordergründig für wichtig halten: immer mehr haben, immer höher hinaus, immer weitere Reisen, die unsere Sehnsucht doch nicht erfüllen können. Sondern wichtig ist das, was für alle Kinder wie für das göttliche Kind wichtig ist: lieben und geliebt werden, in die Arme

❋ 127 ❋

nehmen und in die Arme genommen werden. Gott kommt als Kind, weil wir uns über ihn freuen sollen wie ein Kind, weil wir wieder als Menschen leben sollen. In diesem Sinn liegt die Herrschaft auf seiner Schulter.

Die Verheißung der Geburt des göttlichen Kindes

[1] Das Volk, das im Dunkel lebt, sieht ein helles Licht; über denen, die im Land der Finsternis wohnen, strahlt ein Licht auf.

[2] Du erregst lauten Jubel und schenkst große Freude. Man freut sich in deiner Nähe, wie man sich freut bei der Ernte, wie man jubelt, wenn Beute verteilt wird.

[3] Denn wie am Tag von Midian zerbrichst du das drückende Joch, das Tragholz auf unserer Schulter und den Stock des Treibers.

[4] Jeder Stiefel, der dröhnend daher stampft, jeder Mantel, der mit Blut befleckt ist, wird verbrannt, wird ein Fraß des Feuers.

[5] Denn uns ist ein Kind geboren, ein Sohn ist uns geschenkt. Die Herrschaft liegt auf seiner Schulter; man nennt ihn: Wunderbarer Ratgeber, Starker Gott, Vater in Ewigkeit, Fürst des Friedens.

Ein Kind ist uns geboren

⁶ Seine Herrschaft ist groß und der Friede hat kein
Ende. Auf dem Thron Davids herrscht er über sein
Reich; er festigt und stützt es durch Recht und Gerechtigkeit, jetzt und für alle Zeiten. Der leidenschaft-
liche Eifer des Herrn der Heere wird das vollbringen.

Jesaja 9, 1–6

Nachwort

Wer dieses Buch in die Hand nimmt, wird auf den ersten Blick vielleicht enttäuscht sein. Der Titel „Ankunft 24. Dezember" klingt zwar nach einer exakten historischen Datumsangabe. Aber Sie haben es bei dieser „Ankunft" nicht mit einem kirchenhistorischen Werk zu tun, wie Sie es von mir gewohnt sind.

Schon ein oberflächlicher Blick zeigt, dass die sonst üblichen zahlreichen Fußnoten, Quellen- und Literaturangaben oder die einschlägigen wissenschaftlichen Überlegungen fehlen. Wer ein bisschen tiefer in die Texte hineinliest, wird schnell merken: Dieses Buch ist anders.

Es ist anders als der „Index", in dem die Geschichte der römischen Buchverbote rekonstruiert wird, es ist anders als „Papst und Teufel", wo es um das große Ringen der christlichen Kirchen mit den totalitären Regimen und politischen Religionen des zwanzigsten Jahrhunderts geht, es ist anders als „Die Nonnen von Sant'Ambrogio", in denen ein großer Kirchenskandal des neunzehnten Jahrhunderts anhand der Gerichtsakten der Römischen Inquisition nacherzählt wird, und es ist anders als „Krypta", in der vergessene und unterdrückte Traditionen der Kirchengeschichte mit historisch-kritischen

❋ 131 ❋

Nachwort

Methoden ausgegraben und daraus Modelle für heutige Reformen der Kirche bereitgestellt werden.

Es handelt sich bei „Ankunft 24. Dezember" nicht um einen wissenschaftlichen Text, sondern es handelt sich um Meditationen, Predigten und Glaubensreflexionen. Es geht nicht darum, die historische Tatsache der Geburt Jesu mitzuteilen. Sondern es geht darum, „Weihnachten neu zu entdecken" und in immer neuen Versuchen herauszufinden, was seine Ankunft in dieser Welt für uns heute bedeuten könnte.

Dieses Büchlein wendet sich dem Ursprungsereignis des Christentums zu, ohne das es die Kirchengeschichte, die sich als Wirkungsgeschichte der Menschwerdung Gottes in Jesus Christus versteht, gar nicht geben könnte. Insofern ist es von meinen sonstigen wissenschaftlich-historischen Werken vielleicht doch nicht so verschieden, wie es zunächst erscheinen mag.

Allerdings ist der Gegenstand meiner Betrachtungen hier nicht die Kirche als Institution, ihre Struktur und ihre Geschichte, im Mittelpunkt stehen der einzelne Christ und die einzelne Christin. Es geht mir um die ungeheuren Potenziale der Menschwerdung Gottes in Jesus Christus für die Menschwerdung der Menschen von heute. Die Hindernisse, die ihm den Weg zu uns versperren und verhindern, dass er bei uns ankommen kann, sollen – soweit möglich – beseitigt werden. Diese weihnachtlichen Gedanken mögen dazu beitragen, seine Ankunft bei uns nicht

Nachwort

nur am 24. Dezember leichter zu machen, sondern durch die Kraft dieses christlichen Ursprungsereignisses auch neue Zukunftsperspektiven für eine gelungene Menschwerdung an jedem der 365 Tage des Jahres zu eröffnen.

Ich habe lange gezögert, diese Texte zu veröffentlichen. Zahlreiche Hörer dieser Predigten und Weihnachtsgedanken haben mich aber ermutigt, es dennoch zu tun. Und „schuld" daran ist letztlich der Altbischof von Limburg, Dr. Franz Kamphaus, der mir damals bei meiner Berufung auf die kirchenhistorische Professur in Frankfurt am Main neben dem Lehrstuhl auch die Kanzel in der romanischen Basilika in Mittelheim im Rheingau anvertraut hat. Und auch darüber hinaus verdanke ich ihm viele Anregungen für meine Predigten.

So gehen die in diesem Buch zusammengestellten Texte einerseits zurück auf Gottesdienste in meiner Zeit als Pfarrer in Mittelheim und verschiedenen anderen Gemeinden, in denen ich tätig sein durfte, andererseits aber auch auf die adventlichen Gedanken, die ich alle Jahre wieder in meinem Rotary-Club Münster-Rüschhaus bei der „Weihnachtsfeier" vortragen darf. Keiner dieser Texte ist also ein reines Schreibtischprodukt. Alle sind in der Praxis erprobt und nicht selten aufgrund der Rückmeldungen und Nachgespräche noch einmal überarbeitet und präzisiert worden. Zu jeder Predigt ist der entsprechende Schrifttext aus der Einheitsübersetzung der Heiligen Schrift abgedruckt. Dazu kommen passende Lieder, Gedichte und Gedanken.

Nachwort

Die Wissenschaftliche Buchgesellschaft hat aus diesen Texten ein bibliophiles Buch gemacht, das bei Lambert Schneider erscheint. Für die gute Zusammenarbeit mit Andreas Auth, Dr. Thomas Brockmann, Dr. Beate Varnhorn und dem Außenlektor Klaus Altepost bin ich sehr dankbar. Meinen Mitarbeiterinnen und Mitarbeitern in Münster, namentlich Katja Angenent, Verena Bäumer, Ursel Körlings, Michael Pfister, Maria Schmiemann und Dr. Barbara Schüler, gebührt ebenfalls ein herzlicher Dank. Auch bei diesem Buch – und es ist ja sozusagen ein Erstlingswerk – durfte ich mich auf deren großes Engagement und deren ganz unterschiedliche Kompetenzen voll und ganz verlassen.

Kritische Wissenschaft und verantwortete Verkündigung des Glaubens sind eben nicht zwei nur zufällig nebeneinander stehende Nikolausstiefel, sondern ein Paar mit einem linken und einem rechten Schuh. Ich hoffe, dass Sie als Leserin und Leser diesen Dienst am Glauben in meinen historischen Werken genauso erkennen wie in diesem Weihnachtsbuch.

Hubert Wolf

Quellenverzeichnis

Alle Bibelstellen stammen aus der Einheitsübersetzung der
Heiligen Schrift.

Man nehme, so man hat
Samuel Beckett, Warten auf Godot, Frankfurt am Main 1990,
S. 13 f. und S. 111 (Hervorhebungen durch den Verlag).
Angelus Silesius, In dir muss Gott geboren werden.
In: Hans Ludwig Held (Hg.), Angelus Silesius. Sämtliche poetische
Werke. Bd. 3: Cherubinischer Wandersmann. Sinnliche Beschrei-
bung der vier letzten Dinge, 2. erweiterte und verbesserte Auflage,
München 1924, Nr. 61, S. 19.

Tröst mir mein Gemüte
In dulci jubilo. In: (Erz-)Bischöfe Deutschlands und Österreichs
und der Bischof von Bozen-Brixen (Hg.), Gotteslob. Katholisches
Gebet- und Gesangbuch. Ausgabe für die Diözese Münster,
Münster 2014, Nr. 253, S. 344 f.
Rainer Maria Rilke, Du musst das Leben nicht verstehen.
In: Ders., Werke in drei Bänden. Bd. 1, Gütersloh [1988], S. 16.

Weihnachten – alles nur ein Traum?
Peter Handke, Lebensbeschreibung. In: Karl-Josef Kuschel (Hg.),
Der andere Jesus. Ein Lesebuch moderner literarischer Texte,
Einsiedeln 1983, S. 19 f.

Quellenverzeichnis

August Heinrich Hoffmann von Fallersleben, Der Traum.
In: Die Deutsche Gedichtebibliothek. Gesamtverzeichnis deutsch-
sprachiger Gedichte, http://gedichte.xbib.de/Fallersleben_gedicht_
Der+Traum.htm (letzter Zugriff: 15.06.2015).

Seinem Stern folgen
Wilhelm Busch, Der Stern. In: Stephan Koranyi/Thorsten Libotte
(Hg.), Gedichte zur Weihnacht, Stuttgart 2009, S. 112.

Ach wie gut, dass niemand weiß ...
Nikolaus der Gute, Goldkugeln für drei arme Fräulein (nach der
„Vita per Michaelem"). In: Reinhard Lebe (Hg.), Kleine Geschich-
ten von Sankt Nikolaus, Stuttgart 1994, S. 13–15.
Lasst uns froh und munter sein.
In: http://www.notendownload.com (letzter Zugriff: 24.04.2015).

Eine Stimme in der Wüste
Uwe Timm, Mitten im kalten Winter. In: Stephan Koranyi/
Thorsten Libotte (Hg.), Gedichte zur Weihnacht, Stuttgart 2009, S. 36.

Der Flügelschlag des Engels
Werner Bergengruen, Gewalt der Stille. In: Anselm Grün, In die
Stille finden. Mönchische Erfahrungen für den Alltag, München
2008, S. 7.
Kurt Marti, Weihnachtspredigt. In: Horst Nitschke, Weihnachten –
heute gesagt. Predigten der Gegenwart, Gütersloh, 4. Auflage 1972,
S. 98.

Dietrich Bonhoeffer, Von guten Mächten … In: (Erz-)Bischöfe
Deutschlands und Österreichs und der Bischof von Bozen-Brixen
(Hg.), Gotteslob. Katholisches Gebet- und Gesangbuch. Ausgabe
für die Diözese Münster, Münster 2014, Nr. 815, S. 1166 f.

Gott hat das Chillen erfunden

Thomas Plaßmann, Karikatur „Stress vor Weihnachten – selbst
gemacht".
Theodor Storm, Knecht Ruprecht. In: Karl Ernst Laage/Dieter
Lohmeier (Hg.), Theodor Storm. Sämtliche Werke in vier Bänden.
Bd. 1: Gedichte. Novellen 1848–1867, Frankfurt am Main 1998,
S. 76 f.

Wenn der Herr will …

Heinrich Bone, Lobpreiset all zu dieser Zeit. In: http://www.evan-
geliums.net/lieder/lied_lobpreiset_all_zu_dieser_zeit.html (letzter
Zugriff: 30.06.2015).

Die Relativität der Zeit

Peter Strauch, Meine Zeit steht in Deinen Händen. In: God for
You(th). Das Benediktbeurer Liederbuch, München 2009, Nr. 316.
Michael Ende, Momo oder die seltsame Geschichte von den Zeit-
Dieben und von dem Kind, das den Menschen die gestohlene Zeit
zurückbrachte. Ein Märchen-Roman, Frankfurt am Main/Wien
1973, S. 165 und S. 159.

Bist du es, der da kommen soll?

Gregor Linßen, Venimus adorare Eum. In: God for You(th).
Das Benediktbeurer Liederbuch, München 2009, Nr. 418.

Quellenverzeichnis

Gottesfreunde

Jacques Berthier, Ubi caritas et amor. In: God for You(th).
Das Benediktbeurer Liederbuch, München 2009, Nr. 602.

Das eine Wort und die vielen Worte

Erich Fried, Logos. In: Ders., Befreiung von der Flucht.
Gedichte und Gegengedichte, Hamburg/Düsseldorf 1968, S. 45.

Der Verlag hat sich bemüht, die Abdruckrechte zu klären. Sollte
dies nicht in allen Fällen gelungen sein, bitten wir die Rechte-
inhaber, sich beim Verlag zu melden. Die Abdruckrechte werden
dann nach branchenüblichen Konditionen vergütet.